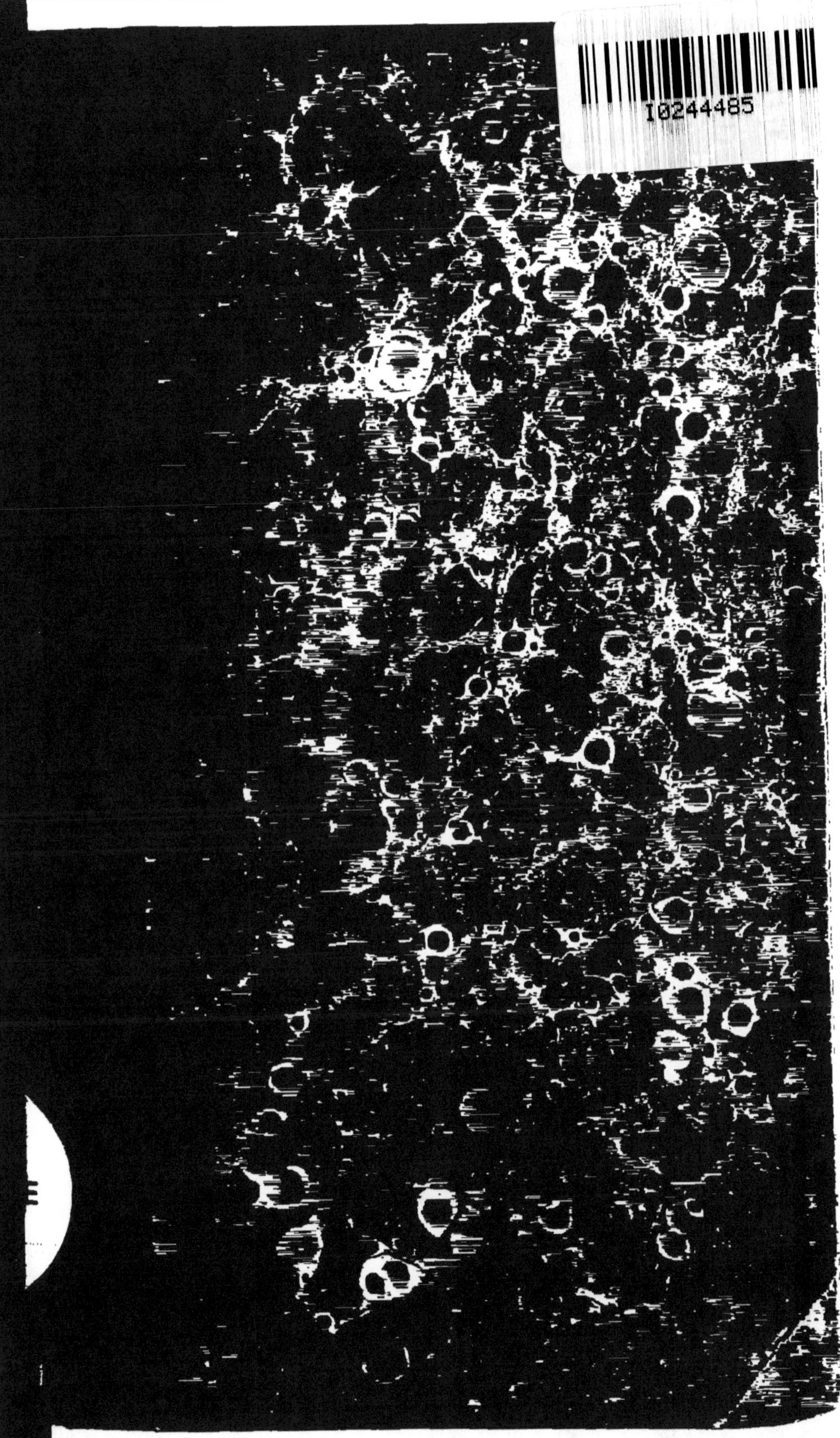
I0244485

ABRÉGÉ

DE LA VIE ET DES VERTUS

DE

S. VINCENT DE PAUL.

On trouve aux mêmes adresses :

Un grand portrait de saint Vincent, d'après un ancien et bon original de Simon François, peintre.

Il peut convenir aux églises, chapelles, oratoires, couvens, séminaires, salles d'hôpital, réfectoires, dortoirs, bureaux de charité, salles d'exercices, pensionnats, écoles chrétiennes, ouvroirs, etc.

Au bas, il y a un Abrégé de la vie de saint Vincent de Paul.

Autre plus petit portrait pareil à celui qui est ci-contre, et qu'on vend séparément.

PARIS. — IMPRIMERIE DE COSSON,
RUE SAINT-GERMAIN-DES-PRÉS, N. 9.

S.t VINCENT de PAUL :

NÉ LE 24 AVRIL 1576.

Troye . fecit .

Ce héros de la charité, ce Père des pauvres, naquit à Poy, aux pieds des pirénées. Il institua, pour perpétuer ses bienfaits, la Congrégation de la Mission et les filles de la charité ; c'est à lui qu'est dû l'établissement des enfants Trouvés. Il mourut le 27 Sept.bre 1660, âgé de près de 85 ans . ——

ABRÉGÉ
DE LA VIE ET DES VERTUS
DE
S. VINCENT DE PAUL,
AVEC LE BREF DE SA BÉATIFICATION;
SUIVI

D'une notice sur l'ancien et le nouveau Saint-Lazare, sur le rétablissement des filles de la Charité, en 1800. Avec un extrait des deux Mandemens de Mgr l'archevêque de Paris, les Indulgences accordées à la chapelle de saint Vincent de Paul par LL. SS. Léon XII et Pie VIII. Méditations, Litanies, Prières en l'honneur du saint apôtre de la charité, pour célébrer saintement la Neuvaine de la translation de ses reliques, le 25 avril, de sa fête, le 19 juillet, et de sa mort, le 27 septembre. Avec les premières Vêpres, la Messe, les secondes Vêpres, les Complies du saint, et les prières prescrites par le second Mandement.

PAR M. DE NAYLIES,
ANCIEN MAGISTRAT EN COUR ROYALE.

Je me susciterai un prêtre fidèle qui agira selon mon cœur et selon mon esprit; je lui établirai une maison stable et il marchera toujours devant mon Christ.

PARIS,
BRICON, RUE DU VIEUX COLOMBIER, N° 19.
PILTAN, LIBRAIRE, RUE DES SAINTS-PÈRES, N° 31.
L'AUTEUR, RUE DU FOUR SAINT-GERMAIN, N° 48.
ET RUE BOURBON-LE-CHATEAU, N° 6.
RATAULT, RUE DU PETIT-BOURBON-S.-SULP., N 18.
1830.

AVERTISSEMENT.

J'AI depuis plusieurs années un portrait très-ressemblant de saint Vincent de Paul, peint d'après nature par *Simon François*, natif de Tours, en 1606, peintre aussi pieux qu'habile (*Vie des peintres* par De Piles, pag. 405).

D'après les invitations pressantes et réitérées de plusieurs personnes pieuses, et déterminé par le mandement de monseigneur l'archevêque de Paris, en date du 10 mars 1830, j'ai fait exécuter un dessin et une lithographie, d'après cette peinture, par des artistes habiles. Je ne voulais mettre qu'un petit texte au dessous de la lithographie; mais j'ai trouvé une mine si riche, si inépuisable, de faits de charité, qu'il m'a été impossible de m'arrêter quand j'ai voulu. Voici donc une vie abrégée, mais un peu plus détaillée que je ne me le proposais; écrite à la hâte, elle n'en donnera pas moins une connaissance générale des vertus sublimes de cet illustre et saint bienfaiteur de l'humanité : mais j'ai voulu livrer aux fidèles cette vie et ce portrait de saint Vincent quelques jours avant la translation solennelle de ses précieuses reliques.

J'ai inséré autant que possible, dans mon opuscule, les propres paroles de ce saint prêtre. C'est, je pense, le meilleur moyen de le peindre à mes lecteurs et de les édifier.

Je n'ai pas la ridicule prétention de faire une nouvelle vie de ce héros de la charité chrétienne, après celle d'Abelly, évêque de Rodez, (cet auteur fut l'ami de saint Vincent; il livra son ouvrage, en 1664, à des lecteurs contemporains et témoins des merveilles de notre saint); après celle de *Collet*, savant prêtre da la mission, à qui sont dus plusieurs traités de théologie très-estimés (la vie de saint Vincent qu'il a publiée contient les souvenirs, les traditions et les pièces authentiques conservées à saint Lazare); et enfin après celles de plusieurs autres écrivains recommandables tant français qu'étrangers. M. Bonnet, supérieur général de la mission, dit, dans un abrégé de la vie de saint Vincent, publiée en 1729, *qu'elle a été écrite non-seulement en français, mais encore en italien, en espagnol, en allemand et en polonais.* Mais ces ouvrages sont aujourd'hui très-rares, ou trop volumineux et trop chers.

J'ai donc voulu répandre, autant que possible, par cet abrégé, la connaissance des glorieux et longs travaux d'un saint qui consacra aux pauvres et aux malheureux toutes ses pensées, tous ses instans, sa vie entière; j'ai voulu montrer à la classe indigente celui qui adoucit ou répara leurs maux; lui apprendre que les biens dont elle jouit encore aujourd'hui sont l'ouvrage de ce prêtre animé de l'esprit de Jésus-Christ.

Les merveilles de charité de cet incomparable et vieux bienfaiteur de l'humanité remontent aujourd'hui à deux cent trente ans. Quels sont les hommes puissans, les princes ou les monarques qui puissent imprimer à leurs actes de bienfaisance une pareille durée?

Quel est le malheur que n'ait point soulagé saint Vincent? quelle est la condition qu'il n'ait point améliorée? quelle est l'infortune qu'il n'ait point consolée? Je vous prends à témoin, pauvres des villes et des campagnes, français et étrangers, hérétiques et infidèles, villages, villes, provinces et royaumes, savans, ignorans, aliénés (1), vieillards, orphelins, en-

(1) Quelques aliénés étaient à Saint-Lazare lorsque la concession en fut faite à saint Vincent. Il ne voulut point qu'on les transportât ailleurs, et il les fit traiter toujours avec la plus grande charité.

fans, même ceux qui devez le jour à des parens vicieux ou criminels; nobles (1), paysans, ouvriers, malheureux captifs, soldats, invalides, prisonniers, pauvres des hôpitaux, criminels et forçats même: n'avez-vous pas trouvé en notre saint un consolateur dévoué, un protecteur zélé, un ami, un défenseur ardent, un père ingénieux et tendre?

L'habitante fixe de nos hopitaux, la volontaire servante des pauvres, l'épouse de J.-C., uniquement occupée des saints devoirs que lui imposent ces deux qualités, pourra peut-être parcourir plus facilement cet abrégé que des volumes. Elle le mettra du moins entre les mains des enfans et des pauvres : *Voilà*, leur dira-t-elle, *l'histoire de ce prêtre fidèle suscité par le Seigneur. Voilà l'histoire de votre père; c'est à lui que vous devez cet asile. Saint Vincent de Paul, embrassant dans son immense charité*

(1) Parlant des malheurs de la Lorraine à saint Vincent, on lui dit qu'ils atteignaient toutes les classes de la société; on lui cita plusieurs gentilshommes et plusieurs dames d'une très-grande naissance qui étaient réduits à une affreuse misère. Saint Vincent répondit avec son cœur sensible et toujours religieux : « *Ah! Monsieur, » que vous me faites plaisir de m'apprendre ces infortunes; » oui, il est juste de soulager cette pauvre noblesse pour honorer Notre Seigneur, qui étoit très-noble et très-pauvre » tout ensemble.* »

les générations présentes et futures, nous a établies dans les hôpitaux et dans les paroisses, pour le représenter, pour faire auprès de vous et pour vous ce qu'il exécuta pendant sa vie : vous servir, vous consoler et vous instruire.

En traçant ces mots, je fais une réflexion dont je veux faire part à mon lecteur : nous parlons tous de saint Vincent de Paul, plusieurs ont écrit sa vie, le poëte a voulu célébrer ses vertus et ses louanges; la peinture et la sculpture nous fournissent les traits de son visage; tous les arts ont reproduit ses principales actions; l'éloquence l'a proclamé l'oracle de la cour, l'honneur du sacerdoce, le père des pauvres, l'apôtre de la charité, la terreur de l'hérésie, qu'il combattit à outrance : mais le point essentiel, celui que Dieu et son saint serviteur désirent de nous, n'est-il pas négligé? ne faudrait-il pas passer de l'admiration de ses vertus à leur imitation? Sans doute, nous resterons toujours bien au dessous de ce prodigieux modèle; il est impossible de suivre cet homme incomparable, marchant à pas de géant dans la voie de la sainteté: suivons alors ses traces dans la voie de la foi et de la charité, si nécessaires au salut. Sommes-nous faibles dans notre croyance, indifférens et égoïstes comme notre malheureux siècle? eh bien! élevons notre voix suppliante vers le Seigneur notre père; disons-lui, comme faisait saint Vincent : *Mon Dieu, venez à mon aide, hâtez-vous de me secourir.* Celui à qui ces vertus sont si agréables voudra bien entendre notre prière; il nous accordera ce que nous lui demandons avec continuité et avec instance.

ABRÉGÉ

DE LA VIE ET DES VERTUS

DE

S. VINCENT DE PAUL.

CHAPITRE PREMIER.

1° Naissance de saint Vincent de Paul. — 2° Deux grands hommes. — 3° Père de saint Vincent. — 4° Sa grande charité dans son enfance. — 5° Ses études. — 6° Il est fait prêtre et curé de Tilh. — 7° Sa captivité. — 8° Sa piété, sa foi, son zèle dans les fers. — 9° Il convertit son maître. — 10° Son retour en chrétienté.

(1°) Saint Vincent de Paul naquit le 24 avril 1576, à Poy ou Pouy, petit village du département des Landes, du diocèse de Dax, aujourd'hui de celui d'Aire, suffragant de la métropole d'Auch.

(2°) Quelques années auparavant, à quelques lieues de distance, aussi au pied des Pyrénées, en Gascogne, était né à Pau, en Béarn, notre Henri IV, descendant de saint Louis, père de nos Bourbons. Ces deux grands hommes, l'honneur, la gloire de l'espèce humaine, seront toujours enviés à la France par tous les peuples de la terre. Celui-ci, le meilleur des rois, devait sauver la France, étendre la gloire de son nom dans tout l'univers par ses conquêtes paternelles, sa clémence et son humanité dans la victoire. Saint Vincent, né sous le chaume, devait être le modèle et l'ornement de l'église; devait soulager, pendant sa longue carrière et pour l'avenir, tous les maux et toutes les infortunes. Il devait être l'apôtre de la charité.

(3°) Guillaume de Paul, père de saint Vincent, était un simple cultivateur, honnête et religieux; il donna d'abord la garde de son troupeau à son jeune fils; mais il connut bientôt à sa piété, à sa docilité, jointes à une gaieté et à une vivacité aimables et douces, que Dieu avait des vues plus élevées sur son enfant.

(4°) Sa charité, manifestée par différens actes, était déjà si grande à cet âge, où l'on n'aime qu'à recevoir et où l'on est si fortement attaché à tout ce que l'on a, que, n'ayant que trente sous, il les donna à un pauvre qui lui parut très-souffrant et bien délaissé. Cette charité admirable, cet abandon si généreux de tout ce qu'il possédait, de tout ce qui lui avait été donné successivement par ses parens, furent si agréables à Dieu, si bien appréciés par celui qui récompense un verre d'eau donné en son nom, que, lui réservant une couronne future, il lui accorda même sur la terre le cœur le plus sensible aux maux de l'humanité; la grâce et l'ascendant de vaincre tous les obstacles, de donner l'impulsion générale à tout son siècle: il lui soumit tous les cœurs, pour qu'il pût produire et créer le grand bien qu'il a fait. *Guérir les affligés, consoler ceux qui pleurent et délivrer les captifs* (Isaïe, 61, 12).

(5°) Guillaume de Paul confia, en 1588, le jeune Vincent à des religieux de saint François de la ville de Dax, sous lesquels il fit de rapides progrès. *Il fut donc retiré de la poussière* (Ps. 112), de son humble pauvreté, *de la garde des brebis de son père; Dieu l'ayant choisi pour être le pasteur de Jacob son serviteur, et d'Israël son héritage* (Ps. 77, 70). Agé de vingt ans, en 1596, il embrassa l'état ecclésiastique, et, après ses études en théologie à Toulouse, il fut fait sous-diacre en février 1598, diacre en décembre de la même année, et prêtre en septembre 1600.

(6°) Bientôt après il fut nommé à la cure de Tilh, dans son diocèse, mais il abandonna volontiers ce bénéfice pour ne pas plaider contre un concurrent qui le lui disputait. *Laissant la tunique et le manteau*, d'après le conseil de J.-C., il revint à Toulouse, où il demeura jusqu'en 1604, occupé à étudier et à professer.

(7°) Revenant de Marseille à Toulouse, il choisit la voie de la mer jusqu'à Narbonne; mais le vaisseau qu'il montait fut attaqué et capturé par des corsaires tunissiens. Saint Vincent fut blessé (1), enchaîné, et mené à Tunis, en Afrique, avec ses compagnons d'infortune. Arrivé au repaire de ces pirates, il fut vendu successivement à différens maîtres, d'abord à un pêcheur, ensuite à un médecin, dont les héritiers le vendirent en dernier lieu à un renégat de Nice.

Voici comment notre saint raconte lui-même cette circonstance de sa vie. Ce style ancien plaira autant que la vivacité et le naturel qui y règnent. Après avoir parlé du combat, il dit : « Cela fait, ils nous enchaînèrent; et, après » nous avoir grossièrement pansés, ils pour- » suivirent leur pointe, faisant mille voleries. » Ils prirent la route de *Barbarie*, tanière et » spélonque de voleurs sans aveu du grand » Turc; où étant arrivés, ils nous exposèrent » en vente. Chacun de nous avait, de la géné- » rosité des Turcs, une paire de caleçons, un » hoqueton de lin, avec une bonnette. Et nous » promenèrent par la ville de *Tunis* où ils » étaient venus expressément pour nous vendre. » Nous ayant fait faire cinq ou six tours par la » ville, la chaîne au col, ils nous ramenèrent

(1) « J'en reçus un coup de flèche qui me servira d'horloge toute ma vie. »

» au bateau, afin que les marchands vinssent
» voir qui pouvait bien manger et qui non; et
» pour montrer que nos playes n'étaient point
» mortelles. Cela fait, ils nous ramenèrent à la
» place où les marchands nous vinrent visiter,
» tout de même que l'on fait à l'achat d'un
» cheval ou d'un bœuf; nous faisant ouvrir la
» bouche pour voir nos dents, palpant nos
» costes, sondant nos playes, et nous faisant
» cheminer le pas, troter et courir, puis lever
» des fardeaux, et puis lutter pour voir la force
» d'un chacun, et mille autres sortes de bru-
» talités. »

(8°) Pendant trois ans que dura sa captivité, sa douceur, sa piété ne se démentirent jamais, non plus que la constance de sa foi qui fut mise à une rude épreuve. Le médecin, son deuxième maître, l'affectionna tellement jusqu'à sa mort, qu'il lui apprit la médecine, et qu'il lui offrit non-seulement sa liberté, mais encore de l'adopter et de lui donner tout son bien, s'il voulait embrasser le mahométisme. La prière, le chant des psaumes, des hymnes, du *Salve regina*, furent l'arme qu'il employa pour résister, si jeune encore, sans aucun espoir de délivrance, aux séductions des plaisirs, des richesses, de la liberté, et surtout à celles de la reconnaissance, de l'affection qu'il avait pour ce bon maître, et de l'amitié que celui-ci lui témoignait tous les jours.

Sa charité, sa sensibilité furent émues à la

vue de tant de chrétiens captifs comme lui, et qui préféraient leurs maux à l'abandon de leur foi; il les exhortait, il les encourageait, il leur rendait tous les services possibles; mais lorsqu'il ne pouvait pas les approcher, pour produire les mêmes effets, avec cette dévotion qu'il eut toujours pour *Marie*, il chantait d'une voix forte :

« Nous vous saluons reine et mère de miséricorde; nous vous saluons, notre vie, notre joie et notre espérance; exilés en notre qualité de fils d'*Eve*, nous poussons vers vous nos cris et nos soupirs, dans cette vallée de pleurs, en gémissant et en versant des larmes. Soyez donc notre avocate, et tournez vers nous ces regards si miséricordieux; et après cet exil, ô *vierge Marie*, clémente, pieuse et bonne, montrez-nous *Jésus*, le fruit béni de vos entrailles. »

Les autres esclaves chrétiens répondaient à ces prières, à ce chant. Cet apostolat de notre saint conforta les faibles, corrobora les forts; aucun n'abandonna la foi de J. C. On vit au contraire ces captifs plus patiens, plus laborieux et plus résignés.

Les héritiers du médecin avaient vendu saint Vincent à son troisième maître qui avait une jeune femme; celle-ci prit plaisir à l'entendre chanter; elle l'y invita quelquefois, et alors surtout il choisissait le psaume 136e si poétique, composé plusieurs siècles auparavant par les enfans d'Israël aussi captifs à *Babylone*. Ce choix, si analogue à sa position, dénotait bien le bon Français, et en même temps le saint qui n'oublie jamais la religion et le ciel, sa future patrie; il chantait donc à cette femme infidèle, avec ce ton de foi et cet accent de charité qui font des miracles:

« Etant sur les bords des fleuves de *Babylone*, nous nous y sommes assis, et nous y » avons répandu des larmes en nous souvenant » de *Sion*. Nous avons suspendu nos harpes aux » saules qui bordent ces prairies, parce que » ceux qui nous emmenèrent captifs nous ont » demandé des cantiques de réjouissance, et » que ceux qui nous arrachèrent de notre pa» trie nous ont dit : Chantez-nous quelques» uns des cantiques de *Sion*. Comment chan» terions-nous les cantiques du Seigneur dans » une terre étrangère? Si je viens à t'oublier, » ô *Jérusalem*, que ma main droite soit sans » mouvement, que ma langue s'attache à mon » palais, si je ne me souviens toujours de toi, » si je ne mets ma plus grande joie à m'entrete» nir de *Jérusalem*. »

(9°) L'infidèle, touchée du zèle, de la piété, de l'onction du saint, reprocha plusieurs fois à son mari d'avoir abandonné son *Dieu*, elle ne lui laissa pas un instant de repos; qu'elle ne l'eût mis aux prises avec le fervent captif. Le renégat, que sa conscience ne laissait pas tranquille, voulut bien entendre Vincent. Mais il ne résista pas long-temps à l'ascendant des vertus de notre saint, et cet esclave vainqueur de ses maîtres, les amena captifs et convertis à la foi de J. C.

(10°) Ils arrivèrent en France le 28 juin 1607; le baptême de la femme et des enfans et l'abjuration du mari, sa rentrée dans le sein de l'église, eurent lieu à *Avignon*. Le vice-légat du pape présida à la double cérémonie, pendant laquelle Vincent, embrasé *des flammes de la sacrée dilection*, et ravi de ces conquêtes du ciel sur l'enfer, bénissait en silence, la bonté et les miséricordes du Seigneur.

CHAPITRE II.

1° Il va à Rome, revient en France; il loge dans le faubourg Saint-Germain (notice historique sur ce faubourg); chargé d'une mission auprè de Henri IV. — 2° Injustement accusé de vol; sa patience dans cette cruelle épreuve. — 3° Récit de saint Vincent.

(1°) SAINT Vincent alla ensuite à *Rome*, d'où il revint en *France*, vers la fin de 1608. Chargé par le cardinal d'*Ossat* d'une mission importante auprès de *Henri IV*, et malgré la confiance qu'on lui avait donnée, le service qu'il avait rendu, il ne voulut profiter de rien pour s'avancer; bien loin de là, ce saint prêtre, aussi modeste que vertueux, ne reparut plus à la cour. Il se retira dans un lieu très-solitaire du faubourg Saint-Germain, qui n'était à cette époque qu'un village très-rapproché de Paris (1), près de l'hôpital de la Charité, où il

(1) Le Pont-Neuf bâti sous Henri IV; le Luxembourg et l'hôpital de la Charité, en 1602, par Marie de Médicis; la Sorbonne, les couvens des Carmes déchaussés et des religieuses du Calvaire, rue du Vaugirard, en 1611 et 1621; de l'Oratoire de la rue d'Enfer, aujourd'hui les Enfans-Trouvés, le Val-de-Grâce, en 1621; les Jacobins du faubourg Saint-Germain, aujourd'hui Saint-

allait tous les jours consoler, instruire les malades. Il leur distribuait des aumônes peu con-

Thomas-d'Aquin, en 1629 et 1632; l'hospice des Incurables (femmes), en 1637; le collége des Quatre-Nations, aujourd'hui l'Institut, ont été construits du vivant de saint Vincent; mais le pont Royal, les Invalides, l'Observatoire et Saint-Sulpice sont postérieurs et dus à Louis XIV. Plusieurs couvens furent bâtis dans le faubourg Saint-Germain, entre autres les Prémontrés, à la Croix-Rouge, en 1662; Sainte-Geneviève, les écoles de Droit, de Médecine et Militaire, la fontaine de la rue de Grenelle-Saint-Germain, l'hôtel de la Monnaie, le palais de Bourbon ont été élevés par Louis XV, ou sous son règne. L'infortuné Louis XVI, de si sainte et de si douloureuse mémoire, fit bâtir le pont qui porte aujourd'hui son nom. Des propriétés particulières furent construites près de ces monumens publics ou religieux; et le faubourg de Saint-Germain, si peu et si mal peuplé du temps de saint Vincent, est aujourd'hui un des quartiers le plus beau et le mieux habité de la capitale. Ce fut Louis XIV qui fit démolir les portes et murailles qui séparaient Paris de ses faubourgs. La porte de Nesle était près de l'Institut et du pont des Arts; celle de Bussy près du carrefour de ce nom. Aux trois quarts de la rue Dauphine, il y a une inscription qui en indique la place. Les rues Mazarine, autrefois des Fossés-de-Nesles, des Fossés-Saint-Germain-des-Prés, des Fossés-Monsieur-le-Prince, des Fossés-Saint-Jacques, Saint-Victor, Saint-Bernard, Saint-Marcel, indiquent leur ancien usage, et quelles étaient les limites de Paris. Toutes ces rues et les adjacentes ont été bâties sous Louis-le-Grand. Une petite rue portant le nom de Saint-Vincent de Paul, entre la rue du Bac et l'église de Saint-Thomas-d'Aquin, pourrait bien indiquer, d'après quelques anciennes traditions, que ce fut là le premier logement de saint Vincent dans la capitale.

sidérables, mais qui avaient un grand prix aux yeux de Dieu et de ses membres les pauvres, parce qu'il les offrait toujours *avec une droite et joyeuse intention* (2 Corinth. 3).

(2°) Il lui arriva à cette époque une de ces rudes et cruelles épreuves si ordinaires dans la vie, et où malheureusement toutes les présomptions semblaient être contre lui. Par son calme, sa foi en la Providence, sa résignation, il en sortit doublement vainqueur ; le coupable, ayant été arrêté long-temps après, fit l'aveu de son crime, et l'accusateur lui demanda pardon de l'avoir accusé si injustement et d'une manière si opiniâtre.

Il occupait dans le faubourg Saint-Germain un même appartement avec un de ses compatriotes (le juge de Sore, village des Landes). Celui-ci, étant sorti de bonne heure, laissa notre saint malade dans sa chambre; à son retour, il trouva qu'on lui avait volé tout l'argent qu'il avait apporté pour son séjour à Paris. Ses soupçons se portèrent naturellement sur notre saint; il l'accusa plusieurs fois de ce vol, même publiquement; il l'obligea d'aller loger ailleurs. Saint Vincent ne répondit que ces mots à cette injure, à ces injustes allégations: « Je ne l'ai pas pris. » Mais l'autre continuant toujours à l'accuser, il ajoutait : « Que ferai-je, mon Dieu? vous savez la vérité. » Se confiant, dès ce moment, pour sa justification en la bonté de celui qui permet ces épreuves, il résolut de ne plus

répondre à cette accusation (1). « Or, disait
» saint Vincent à ses prêtres, dans une confé-
» rence, et sans parler que ce fait lui fût person-
» nel, il arriva, et Dieu le permit ainsi, qu'au
» bout de six ans celui à qui on avait volé l'ar-
» gent, étant à six-vingts lieues d'ici, trouva le
» larron qui l'avait pris. Voyez le soin de la Pro-
» vidence pour ceux qui s'abandonnent à elle.
» Alors cet homme, reconnaissant le tort qu'il
» avait eu de se prendre avec tant de chaleur
» et de calomnie contre son ami innocent, lui
» écrivit une lettre pour lui en demander par-
» don ; lui disant qu'il en avait un si grand dé-
» plaisir qu'il était prêt, pour expier sa faute,
» à venir au lieu où il était pour en recevoir
» l'absolution à genoux, et la corde au col. »

Ce n'est pas la dernière accusation dirigée contre saint Vincent; il fut souvent outragé, calomnié, menacé et frappé. Il supporta toutes ces violences avec la même sérénité et la même résignation, il ne se vengea toujours que par de nouveaux bienfaits.

(1) Le plus souvent les intrigues, les calomnies, les faux occasionés par l'ambition n'ont pas un si heureux résultat : le calomnié est victime; les calomniateurs triomphent... Eh bien! l'un a le calme de sa bonne conscience; l'autre, avec des honneurs fugitifs et si précaires, n'a que le ver rongeur du remords... Et un Dieu juste les attend dans quelques années.

CHAPITRE III.

1o Curé à Clichy, près de Paris, en 1612. Quelque temps après, à Châtillon. — 2° Sa sollicitude pour les galériens le fait nommer aumônier réal des galères. — 3o Mission pour les campagnes et les pays infidèles. — 3o Établissement des séminaires, des retraites et conférences ecclésiastiques. Par cela, il rend les plus grands services à l'église; témoignages de tous les évêques de France, entre autres de Fénelon, Fléchier et Bossuet.

(1°) Vincent, sur qui le Seigneur avait versé toute la plénitude de son esprit sacerdotal, fut nommé à la cure de Clichy, à environ une lieue de distance de la capitale, où, par les aumônes qu'il se procura, il fit reconstruire l'église qui tombait en ruines. Quelque temps après, il fut nommé aussi à celle de Châtillon-les-Dombes en Bourgogne. Il fit éclater, dans ces deux paroisses, son amour pour les pauvres, son zèle apostolique pour y faire fleurir la piété; il ramena au bercail plusieurs brebis égarées. C'est à Châtillon, en 1617, qu'il eut la première idée des dames de la Charité pour le service des pauvres malades des paroisses et des hôpitaux. Cette ville est le berceau de cette pieuse association, qui s'étendit bientôt après dans tout le royaume.

(2°) Saint Vincent, avant d'aller à Châtillon, était dans la maison de M. de Gondy, général des galères de France, en qualité de gouverneur de ses enfans. Le zèle de ce saint prêtre s'était étendu non-seulement sur tous les domestiques et vassaux de cet illustre seigneur, mais encore sur les galériens qui étaient sous son commandement. Saint Vincent les avait visités, consolés et instruits; il les avait nourris et vêtus pendant plusieurs années; il avait obtenu qu'au lieu des affreux et humides cachots où ils gémissaient, ils fussent transférés à l'ancienne porte Saint-Bernard, qui était située entre le nouveau pont de l'Archevêché et le pont de la Tournelle. Paris avait eu le spectacle nouveau et si touchant de ces êtres criminels, rejetés et repoussés du monde entier, devenus tout à coup l'objet de la sollicitude de Vincent, qui trouva le secret d'apitoyer sur leur sort toutes les âmes pieuses et charitables. Toujours obéissant à la voix de Dieu par l'organe de son directeur, M. de Bérulle, et de ses supérieurs, Vincent était allé à Châtillon : la même voix l'en fit revenir. Il fut nommé bientôt après, en 1622, aumônier réal des galères de Marseille. Il alla visiter, en 1623, celles de Bordeaux. C'est à cette époque qu'il fit pour ces malheureux des prodiges de sensibilité et de charité dont il porta quarante-cinq ans les glorieuses cicatrices. Ayant en effet trouvé parmi ces criminels un infortuné que son sort avait réduit au plus affreux désespoir, il prit ses chaînes, il se chargea de ses fers; il lui en resta une enflure au pied jusqu'à sa mort : stigmates glorieuses d'un charité sans exemple ! Ce fait, venu jusqu'à nous par une tradition constante, est rapporté par ses différens historiens, par ses panégyristes, entre autres Abelly, Collet, le cardinal Maury ; mais l'excessive modestie, la profonde humilité de saint Vincent nous ont privé des détails de cet acte héroïque, et de plusieurs autres qui seraient très-utiles à l'édification des fidèles.

Ces affreux et épouvantables sépulcres, ces prisons flottantes, les galères, donnaient, à cette époque, une vraie idée de l'enfer; il n'y régnait qu'une police sévère, que la rage et le désespoir. Ce tas de misérables souffraient leur horrible châtiment sans aucune espèce de consolation, sans aucune espérance. Ils ne prononçaient le nom de Dieu que comme font les démons, c'est-à-dire en le maudissant et en le blasphémant. Vincent parait dans les bagnes, il va de rang en rang comme un bon père, il oublie le crime, il ne voit que le malheur, il sent par contre-coup tout ce que souffrent ses enfans coupables; il écoutait toutes leurs plaintes avec beaucoup de patience, d'intérêt; il compatissait à leurs peines avec tendresse, il pleurait avec ceux qui versaient des larmes; il soulevait et baisait leurs pesantes chaînes, pour en alléger le poids; il rendait à chacun d'eux tous les services possibles; il sollicita d'abondantes aumônes, qu'il était heureux de leur distribuer; il apaisa leur faim, couvrit leur nudité, il prêcha, avec force, l'humanité et la religion aux employés et aux gardes, la docilité, la patience et la résignatien aux forçats; et enfin, il démontra, par des résultats, que ces êtres pervers étaient susceptibles d'amendement et de vertu.

Appelé ailleurs, il n'abandonna qu'à regret cette œuvre si modeste, mais si utile; il promit aux forçats de ne pas les oublier; il leur envoya, en effet, des prêtres de la mission, des Lazaristes, qu'il fonda à peu près à la même époque. Ces messieurs exercèrent leur saint ministère, sur les galères du roi, jusqu'à la révolution; et si un régime plus humain a existé dans ce lieu de malheur, c'est à notre saint qu'il est dû. C'est à lui que les bagnes doivent l'hôpital pour les malades, et les filles de la Charité qui servent Jésus-Christ jusque dans la personne des galériens, c'est-à-dire le crime secouru au nom de la religion par l'innocence et la vertu.

(3e) A Clichy, à Chatillon aux bagnes, à Folleville surtout, où il disposa un bon paysan à mourir saintement, il avait vu partout une extrême ignorance en matière de religion, il avait vu et habité la terre inhospitalière des infidèles. Pensant aussi à ces peuples qui ne connaissent point encore J. C., embrasé du feu divin, du salut des ames, il fonda la congrégation de la mission destinée à l'instruction présente et future des pauvres des campagnes, et à évangéliser les pays idolâtres ou mahométans. Il vit cette grande moisson, il leva les yeux, et il vit des peuples *assis à l'ombre de la mort*, il compta les campagnes et les régions prêtes à moissonner, et qui n'attendaient que des ouvriers. Il *pria le Seigneur, le maître de la moisson, de lui envoyer des ouvriers*, et en serviteur dévoué et fidèle, en soldat courageux, il se mit à leur tête.

La première mission qu'il donna lui-même, fut le 25 janvier 1617, jour de la conversion de saint Paul; il se retira en 1624, âgé de 45 ans, au collége des Bons-Enfans, qui lui avait été donné pour l'établissement de sa congrégation, qui fut confirmée en 1631 par un bref du pape. Ce ne fut qu'en 1632 que saint Lazare ayant été donné à saint Vincent, il s'y transporta avec tous ses prêtres, qui eurent bientôt après le nom de Lazaristes, de celui de cette maison, située rue du Faubourg-St-Denis.

Institituteur des missions, il en fit faire 840 de son vivant, et missionnaire lui-même jusqu'à la fin de sa longue et glorieuse carrière, Il choisissait alors la place et les choses les plus simples et les plus modestes. Ce grand homme, cet illustre apôtre de la charité, ce grand saint qui assistait aux conseils des rois (1), porta ses soins jusqu'à apprendre lui-même le catéchisme, le *pater* et l'*ave* aux enfans, aux pauvres, aux paysans, aux domestiques et aux prisonniers.

« Nous allions, dit-il, tout bonnement et » simplement, envoyés par nos seigneurs les » évêques, évangeliser les pauvres. O sauveur ! » qui eût jamais pensé que cette petite assem- » blée fût venue en l'état où elle est mainte- » nant ? Eh bien ! appellerez-vous humain ce » à quoi nul homme n'avait jamais pensé ?

» Ah ! malheureux que je suis, disait-il sou- » vent dans l'ardeur de son zèle, je me suis » rendu indigne par mes péchés d'aller rendre » service à Dieu parmi les peuples qui ne le

(1) Nous avons parlé de sa mission auprès de Henri-le-Grand; il assista Louis XIII dans ses derniers momens; il fut appelé aux conseils de la reine-mère régente et à ceux de Louis-le-Grand. Il n'y eut que des œuvres de piété et de charité qui attirèrent saint Vincent à la cour, où il ne parla toujours que le langage de la vérité, du désintéressement, de la piété et de la miséricorde. Louis-le-Juste, sentant sa mort prochaine, appela saint Vincent à St-Germain-en-Laye. Notre saint lui annonça la mort, comme un prophète l'eût annoncée à un ancien roi de Juda; il n'adoucit la dureté de cet arrêt qu'en considération de la piété du prince : « *Sire*, lui dit-il, *ce-* » *lui qui craint Dieu s'en trouvera bien dans les derniers mo-* » *mens.* » La réponse du roi montra bien qu'il mourait plein de foi et d'espérance... Il mourut en Bourbon. *Spiritu magno vidit ultima.* Il vit avec sang-froid sa dernière heure.

» connaissent pas. Oh ! qu'heureuse est la con-
» dition d'un missionnaire qui n'a point d'au-
» tres bornes de ses travaux pour Jésus-Christ
» que toute la terre habitable ! Pourquoi donc
» nous restreindre à un point, et nous prescrire
» des limites, puisque Dieu nous a donné tant
» d'étendue pour exercer notre zèle? . . . .

» Ah ! messieurs, disait-il souvent à ses
» prêtres, dans des conférences qu'il leur fai-
» sait, humilions-nous, donnons à Dieu toute
» la gloire, et ne retenons pour nous que le mé-
» pris et la confusion; c'est là notre partage...
» Oh ! que celui-là apporterait un grand em-
» pêchement à la sanctification du nom de Dieu
» et à celle des âmes, qui s'attribuerait l'une ou
» l'autre; il commettrait sans doute un grand
» sacrilége; et tout le corps de la mission se
» rendrait coupable du même crime, s'il se
» flattait de cette malheureuse opinion, qu'il
» convertit les peuples à Dieu par ses emplois
» et qu'il mérite pour cela d'être estimé et con-
» sidéré. » Rendant compte de ce qui avait été
fait, il disait encore : « Dieu est l'auteur de
» toutes nos fonctions et de toutes nos prati-
» ques, puisque toutes ces choses ont été com-
» mencées par sa conduite, sans que j'y pen-
» sasse, ni que je susse même ce que sa provi-
» dence prétendait faire. »

C'était ce zèle pur et désintéressé, cette abnégation de lui-même et des siens, qui l'engageaient à prier Dieu d'annéantir sa congrégation, si elle ne le servait pas selon les desseins de sa divine providence. Il serait trop long et étranger à mon sujet de parler du bien immense que produisit depuis le commencement jusqu'à nos jours cette fervente et modeste congrégation. Je dirai seulement qu'elle fut toujours digne de son illustre et saint fondateur.

(4°) De concert avec différens évêques de France, il établit les séminaires; des conférences et retraites ecclésiastiques, il réforma les mœurs du clergé; il lui inspira son zèle, sa charité, sa foi et son humilité, dans les célèbres conférences qu'il faisait lui-même tous les mardis. En un mot, il fut pour notre pays ce que saint Charles Borromée a été pour l'Italie. Tous nos évêques s'accordèrent à rendre ce témoignage glorieux à la mémoire de saint Vincent, dans leurs lettres au pape Clément XI en 1702; lorsque le roi, l'Eglise de France et le peuple demandèrent à ce souverain pontife que ce grand serviteur de Dieu fût inscrit au nombre des saints. Fénelon, archevêque de Cambrai, proclame les lumières et les vertus de Vincent; Fléchier, évêque de Nîmes, assure que notre clergé lui devait l'éclat dont il brillait depuis ce temps. Mais voici comment s'exprime l'aigle de Meaux, l'illustre Bossuet.

« Nous pouvons attester que nous avons eu » le précieux avantage de connaître particu» lièrement ce vénérable serviteur de Dieu, et » cela dès notre jeunesse. Dès lors, l'onction

» de ses discours, jointe à la sagesse de ses con-
» seils, n'ont pas peu contribué à nous faire
» goûter les avantages d'une véritable et solide
» piété, et à nous inspirer nos premiers senti-
» mens de zèle pour le rétablissement de la dis-
» cipline ecclésiastique; et ce souvenir est en-
» core aujourd'hui bien cher à notre cœur.

» Dans la suite, étant parvenu au sacerdoce,
» nous eûmes le bonheur d'être associé à cette
» compagnie de vertueux ecclésiastiques que
» Vincent avait formée, lesquels s'assemblaient
» sous ses yeux tous les mardis de chaque
» semaine, pour conférer entre eux des choses
» du ciel. Vincent était l'âme de ces utiles con-
» férences, et jamais il n'y parlait que chacun
» de nous ne l'écoutât avec une insatiable avi-
» dité : c'était bien alors que nous éprouvions
» sensiblement l'accomplissement de cette pa-
» role de l'Apôtre : *Si quelqu'un parle, qu'il pa-*
» *raisse que c'est Dieu qui parle par sa bouche;*
» *si quelqu'un exerce un ministère sacré, que ce*
» *soit avec toute la plénitude de l'Esprit-Saint.*

» L'on voyait souvent à ces assemblées les
» plus grands évêques de France : ils y étaient
» attirés par la renommée et par l'éminente
» piété du saint prêtre. Il serait difficile d'ex-
» primer toute l'étendue des ressources que
» Vincent leur ouvrit dans les conférences du
» mardi, pour les aider à porter le poids de la
» sollicitude pastorale et des travaux aposto-
» liques. Là, ils étaient sûrs d'avoir à choisir

» nombre de ministres irréprochables, toujours
» disposés à aller répandre la saine doctrine
» dans toutes les églises de France; toujours
» en état d'y faire goûter les maximes salutaires
» de l'Evangile, non-seulement par la force de
» leur éloquence, mais encore plus par l'exemple
» édifiant de leur conduite.

» Il a même été un temps, et ce temps sera
» toujours précieux à notre souvenir, que nous-
» même, tenant quelque rang dans le clergé de
» Metz, nous eûmes le bonheur d'être associés
» aux travaux de ces hommes apostoliques; et
» si le succès de cette mission à laquelle nous
» travaillâmes dans le diocèse de Metz sur-
» passa toutes les espérances, il n'y a personne
» qui ne convienne que cette église en fut parti-
» culièrement redevable non-seulement aux
» ardentes sollicitations de Vincent et à la su-
» périorité de ses lumières, mais encore à l'effi-
» cacité de ses prières.

« Que de ressources n'avions-nous pas déjà
» trouvées dans ce vertueux ecclésiastique, et
» dans les membres de sa conférence, lorsque
» nous nous disposâmes à recevoir le sacer-
» doce! Il avait établi avec le plus grand soin
» des retraites spirituelles pour les jeunes clercs
» qui se présentaient aux saints ordres. Nous-
» même, vivement pressé par ce vénérable
» prêtre de faire aux ordinans des conférences
» sur leurs obligations, nous nous livrâmes
» plus d'une fois à cet important ministère, et

» cela avec d'autant plus de confiance que nous » avions la ressource de ses sages conseils et » l'assurance que Dieu accorderait à ses priè- » res le succès de cette bonne œuvre.

» Heureuses circonstances! elles nous mi- » rent à portée de jouir pleinement, dans le » Seigneur, de l'intimité de ce vénérable prêtre, » d'étudier de près ses vertus et d'admirer sur- » tout cette charité sincère et vraiment aposto- » lique qu'il porta à un si haut degré; l'édi- » fiante gravité de son maintien, cette rare » prudence qu'il sut toujours allier avec la » plus parfaite simplicité, l'ardeur de son zèle » pour la discipline ecclésiastique et pour le sa- » lut des âmes, cette constance inaltérable et » cette force invincible avec laquelle il s'élevait » contre tout ce qui pouvait altérer ou la pu- » reté de la foi ou l'intégrité des mœurs.

» Quelle délicatesse sur l'intégrité du dogme » catholique! Qui jamais a montré plus de res- » pect pour le saint-siége? Combien sa soumis- » sion à ses décrets était sincère! d'un autre » côté, quel abaissement, quelle profonde hu- » milité dans les exercices du culte religieux, » et cela, lors même que son rang et ses em- » plois aux conseils du roi auraient pu, ce » semble, ralentir sa ferveur! C'est de quoi » toute la France se souvient encore aujour- » d'hui; pour moi, je ne puis y penser sans » que ce souvenir ne me remplisse de la plus » douce consolation.

» Ainsi chaque jour ajoute-t-il un nouveau » lustre à la réputation de ce saint homme ; il » est partout la bonne odeur de Jésus-Christ ; » ce ne sont de toutes parts que vœux empres- » sés, qu'acclamations vives, pour qu'il soit » mis solennellement au rang des saints par l'un » des plus saints pontifes qui aient occupé la » chaire de saint Pierre. »

Saint François de Salles l'avait choisi, dès 1620, pour son successeur dans la direction des religieuses de la Visitation que ce saint évêque de Genève, avait fondé. Il disait souvent : « qu'il n'y avait pas dans l'Église de plus saint prêtre que Vincent. »

Les séminaires de Saint-Sulpice, des Missions étrangères, toutes les missions dans l'univers connu ont eu leurs pieux et saints fondateurs ; mais ils étaient tous ou les amis de saint Vincent, ou sortis de son école. Mais c'est lui qui donna cet entraînement général au zèle, à la piété et à l'immense charité de ce siècle si beau aux yeux de la religion, et si grand dans l'histoire de la monarchie française et de toute l'Europe.

CHAPITRE IV.

1º Provinces, villes et villages secourus par son immense charité. — 2º Hôpitaux dans le monde chrétien. — 3º Établissement des Filles de la Charité. — 4º Fondation des Enfans-Trouvés.

(1º) Dans des années de disette, de famine, d'épidémie, d'incendies, de guerres civiles et extérieures, par son immense charité, par les grands secours qu'il obtenait, qu'il arrachait de tous les côtés par son attrayante douceur, par l'ascendant de sa simple éloquence, par l'empire de ses vertus sur toutes les âmes pieuses de cette époque mémorable; il secourut, dans l'intervalle de 1639 à 1652, la Lorraine, le Barrois, le Berri, l'Angoumois, le Maine, l'Artois, la Champagne et la Picardie, réduits à la plus affreuse misère. Il envoyait tous les jours de Paris, par ses Lazaristes et par les sœurs de la Charité, les vivres, les remèdes, les vêtemens qu'il recueillait. La Lorraine seule eut pour sa part seize cent mille francs. Les aumônes, la charité furent continuées jusqu'à la fin de ce malheur public, c'est-à-dire pendant plus de dix ans.

Comment Paris et ses environs ont-ils pu oublier ce qu'il fit, en 1652 (1), dans des temps bien malheureux? il nourrit long-temps à Saint-Lazare plus de deux mille personnes, quinze mille pauvres recevaient chaque jour le potage. Cet ami, cet apôtre de l'humanité réunissait alors sa communauté : « Voici le temps de la » pénitence, leur disait-il; puisque Dieu afflige » son peuple, n'est-ce pas à nous autres prêtres » d'être au pied des autels pour pleurer leurs » péchés? cela est d'obligation, mais, de plus, » ne devons-nous pas retrancher quelque chose » de notre ordinaire pour leur soulagement ?»

Il ne prêchait pas seulement, il exécutait; souvent, et très-souvent Saint-Lazare a été réduit au besoin par cet oubli de lui-même, par cette incomparable charité. Entrer dans le détail des villages, des villes et des provinces secourus, des personnes de tout pays, de tout âge, de tout sexe et de toute condition, énumérer les certificats et pièces qui prouvent ces faits, formerait un très-fort volume, et je n'ai voulu faire qu'un abrégé.

Il exécutait lui-même, et il voulait qu'on exécutât. Ce n'est pas seulement ses Lazaristes et les sœurs qu'il employait, mais encore plus de deux cents dames illustres par leur naissance et par

(1) Saint-Lazare, ce grenier d'abondance pour la capitale, fut pillé deux fois du vivant de saint Vincent. Il l'a été une troisième en 1789.

leur fortune. Il ne leur demandait pas seulement leurs aumônes, mais leur coopération, leurs bras et leurs sueurs, pour servir Dieu en la personne des pauvres des paroisses et des hôpitaux.

Saint Vincent donnait d'abord tout ce qu'il avait; *sa main était toujours ouverte à l'indigent, et il étendait ses bras vers les pauvres.* (Prov. 31. 20.) Et ensuite, par lui-même ou par ses prêtres, il allait chercher les moyens de faire ses prodiges de charité.... Il allait emprunter, quand il ne trouvait pas, ou si c'était insuffisant.

« La compagnie, disait-il souvent, ne périra » point par la pauvreté; je crains plutôt que, » si la pauvreté lui manque, elle ne vienne à » périr. » Mais les besoins se faisant trop sentir: « Je suis en peine pour notre communauté; » mais en vérité elle ne me touche point à l'é» gal des pauvres. Que feront-ils, les malheu» reux? C'est, continuait-il d'une manière ad» mirable et touchante, mon poids et ma dou» leur. » Plus de vingt mille personnes ont été reçues et nourries plus ou moins de temps à Saint-Lazare, de son vivant; tandis que, d'un autre côté, on faisait trois fois la semaine le catéchisme, et des distributions de potages, de pain et de viande à environ six cents personnes.

Ce saint prêtre, uniquement dévoué à la gloire de Dieu et aux œuvres de charité, ne voulut point tirer ses parens de l'obscurité; il refusa de leur procurer une certaine aisance;

il résista à cette tentation en disant : « Ils ont » de quoi vivre à mesure qu'ils travaillent ; ne » sont-ils pas bien heureux ? Ils exécutent la » sentence de Dieu qui porte que *l'homme doit* » *manger son pain à la sueur de son visage.* »

A la honte des puissances chrétiennes et de l'Europe, des vaisseaux barbaresques, des écumeurs de mer enlèvent sur la Méditerranée depuis plusieurs siècles nos vaisseaux marchands, ou dévastent nos rivages. Saint Vincent établit des Lazaristes sur les côtes d'Afrique, pour le salut de l'âme et du corps des chrétiens captifs ; il en fit racheter douze cents aux régences de Tunis, d'Alger et de Tripoli.

Il continua toujours, malgré le surcroît de ses occupations, d'aller visiter, instruire et consoler les prisonniers du Châtelet et de la Conciergerie. Ceux qui étaient condamnés aux galères ou à la peine de mort fixaient sa charité ; il leur démontrait avec onction que les peines d'une vie si courte n'étaient rien, qu'il n'y avait à craindre et à éviter que celles que la justice de Dieu infligera au crime. Il accompagnait ses conseils, ses exhortations, d'abondantes aumônes ; il ne cessa jamais d'être le père des malheureux et des pauvres ; nul sacrifice, nul assujettissement ne lui coûtait ; et s'il ne répara pas toutes les infortunes, la misère du moins et toutes les souffrances furent adoucies.

Palaiseau, village au sud de Paris, a la majeure partie de ses habitans malades ; il en meurt dix à douze par jour. Saint Vincent l'apprend ; il envoie immédiatement quatre prêtres de sa congrégation, un chirurgien ; il envoie chaque jour une voiture remplie de vivres et de remèdes. La famine et les maladies étendent-elles plus loin leurs ravages ? notre saint étendra alors sa charité. Etampes, Lagni, Athis, Juvisy, Saint-Arnould et plusieurs autres villages en ressentirent les effets.

Un village était inondé en 1652 (Genevilliers, près Paris et Saint-Denis) : saint Vincent, accompagné de ses prêtres, portant avec eux des vivres, des cordes, des échelles, y accourt, sur un frêle bateau ; il distribue du pain et des secours à ces malheureux, par les fenêtres et par les toitures de leurs maisons (1);

(1) Postérieurement M. de La Feronnaye, évêque de Bayonne, reproduisit ce bel acte de dévouement et d'héroïsme. Ayant appris qu'une affreuse inondation avait forcé les habitans d'un village à se retirer au haut de leurs maisons, et à abandonner toutes leurs provisions, il s'y transporta immédiatement après avoir acheté tout le pain qu'il trouva dans la ville, et, se jetant dans un bateau, il le présentait aux malheureux villageois au bout d'une longue perche. Se jetant souvent dans l'eau pour pouvoir approcher davantage des maisons, il passa ainsi trois jours de suite, renouvelant ses provisions et ses distributions au péril de sa vie, et animant ceux qui le suivaient par sa gaieté et son courage à affronter les plus grands dangers.

M. de Cheverus, alors évêque de Montauban, aujour-

et ces grandes eaux débordées ne purent éteindre son immense charité. *Aquæ multæ non potuerunt exstinguere caritatem.* Deux autres fois ce village ayant été inondé, reçut de pareils secours.

Nul objet n'échappait à sa charité; nul sacrifice ne lui coûtait; elle ne s'étendait pas aux seuls besoins du corps. Un docteur en théolo-

d'hui archevêque de Bordeaux, pair de France, vient de suivre de nos jours ces beaux exemples d'héroïsme pastoral dans une inondation du Tarn. Ce n'est pas tout, il vent loger dans son palais épiscopal tous les habitans de Montauban qui ont leurs maisons inondées et qui n'ont pas d'asile. Le maire se rend à l'évêché pour qu'un si grand nombre de personnes ne dérangent pas plus longtemps le respectable prélat. Mais celui-ci répond avec cet accent de douceur, de bonté et de charité, qui lui est propre : M. le maire, veuillez ne pas me priver du plaisir de donner l'hospitalité à mes enfans malheureux.

Voici un fait aussi récent qui n'est pas déplacé dans la vie du héros de la charité : M. Baron de Montbel, maire de Toulouse, aujoud'hui ministre de l'intérieur, renouvela, au printemps de 1828, en présence de tous ses administrés, ce trait de dévouement inspiré par la religion. Les eaux pluviales, qui ne cessaient de tomber, et celles de la fonte des neiges des Pyrénées, avaient enflé la Garonne d'une manière effrayante. Tout un quartier de Toulouse, nommé *Tounis*, fut inondé jusqu'au premier étage. Les maisons, resserrant les eaux dans les rues, leur avaient donné une rapidité épouvantable. M. de Montbel se transporta dans cette partie de la ville; il entra dans un bateau avec les plus intrépides, et de là il se rendait où le danger était le plus pressant. Il sauva plusieurs personnes; et, plusieurs maisons s'étant écroulées, il retira de dessous les ruines la presque totalité des habitans. En un mot, il demeura, pendant tout

gie, qui avait lui-même long-temps combattu pour la foi, fut attaqué des plus fortes tentations contre cette vertu. Le blasphème, l'impiété, le désespoir, obsédaient constamment son esprit; il découvrit son insupportable position au serviteur de Dieu, et bientôt après il tomba dangereusement malade. Saint Vincent

le péril, sur cette scène de désolation, animant tout par sa présence, son exemple et son courage. Il couronna ce bel acte de dévouement, dont tous les journaux de cette époque ont parlé, en donnant des secours et un asile à toutes les victimes de ce désastre.

On vint apprendre à M. d'Apchon, archevêque d'Auch, que le feu avait pris dans une maison de cette ville; il y accourt aussitôt; son premier soin est de demander si tous les habitans sont sauvés. Hélas! s'écrie une mère au désespoir, on m'a arrachée des flammes, et je n'ai pu enlever mon enfant, qui est dans cette chambre, montrant de sa main le second étage, qui paraissait en feu. Aussitôt l'archevêque ordonne qu'on applique une échelle contre la fenêtre indiquée, et propose 2,000 écus de récompense à celui qui sauvera cette infortunée créature. Personne n'ose s'exposer à un danger si éminent; mais la vraie charité ne connaît point de péril. Le respectable archevêque, le saint prélat s'entoure d'un drap mouillé, fait le signe de la croix, monte à l'échelle, pénètre au travers des flammes, reparaît portant l'enfant sous son bras, et le remet à sa mère au milieu des acclamations et des bénédictions du peuple. Les parens se prosternent à ses pieds. « Mes amis, leur dit-il gaiement, j'ai gagné les 2,000 écus; il est bien juste que l'enfant que j'ai sauvé, et qui, par là, est devenu celui de mon adoption, en jouisse. Je les place sur sa tête; » et tout de suite il s'éloigna pour se soustraire à leurs remerciemens.

craignit qu'il mourût dans un si fâcheux état. Il se mit alors pour lui en prières, et, s'offrant pour victime au Seigneur, il consentit d'assumer sur lui les tentations de ce pauvre prêtre. Une prière si généreuse monta jusqu'au trône de Dieu; elle fut exaucée; le malade devint calme, et aussi ferme dans sa foi que lorsqu'il la défendait. Mais le Seigneur, voulant éprouver de plus en plus notre saint, accepta l'offre qu'il lui avait faite; il permit qu'il eût pendant quatre années les mêmes tentations. Mais saint Vincent y résista par les mortifications, par les œuvres de charité auxquelles il se livra alors d'une manière encore plus active, et enfin par des actes de foi et par la prière la plus fervente. Il se jetait souvent au pied de la croix; il conjurait le Seigneur de lui donner la foi, d'augmenter sa foi. *Adauge nobis fidem* (1).

(1) Nous devons apprendre par ce fait que les saints, que ceux qui nous ont devancés, ont eu les mêmes tentations, les mêmes doutes sur la foi. Tous les hommes sont faits pour être attaqués, pour résister et combattre. Mais que faisaient les saints? et que faisons-nous nous-mêmes? Ils priaient, ils s'instruisaient, ils combattaient!... Et nous, nous ne prions pas, ou c'est d'une manière très-imparfaite; nous vivons dans une ignorance complète de la religion, avec toute l'indifférence du siècle, avec une coupable lâcheté. Nous cédons les armes à l'ennemi du genre humain; nous avons renoncé à toutes les bonnes lectures, et nous dévorons tous les ouvrages irréligieux et immoraux que l'enfer produit.

Un prêtre aussi pieux qu'instruit ne répond depuis long-temps que ces mots aux personnes qui voudraient

(2°) C'est à saint Vincent que le monde chrétien, que la France, que Paris doivent la majeure partie de ces établissemens où les pauvres, les enfans, les jeunes filles délaissées, les vieillards, les artisans laborieux, mais accablés tout-à-coup par la maladie ou le malheur, ont trouvé et trouvent encore aujourd'hui un asile et tous les secours de l'âme et du corps (1). C'est lui qui procura en 1653 la fondation de l'hôpital général ouvert en 1657, qui en fit le règlement. Il institua d'abord et par lui-même l'hôpital de l'Enfant-Jésus, situé près de l'église Saint-Laurent, sur la hauteur du faubourg Saint-Martin. C'est aujourd'hui la communauté des frères de la doctrine chrétienne qui occupe cet ancien établissement de charité. Saint Vincent retira dans cet hospice vingt hommes et vingt femmes accablés par les

disputer avec lui sur la religion : « Monsieur, nos discussions en matières religieuses seraient interminables. Ce n'est pas moi qui peux vous donner la foi ; ce n'est qu'à Dieu que cela appartient. Désirez cette grâce, demandons ensemble la foi, et après développez-moi tous vos doutes ; je les éclaircirai autant qu'il en sera en moi. » Il a obtenu, par ce procédé si simple et si sage, des conversions éclatantes.

(1) Je ne connais à Paris, avant saint Vincent de Paul, que l'Hôtel-Dieu, fondé dans le septième siècle par saint Landri, évêque ; les Quinze-Vingts, par saint Louis, en 1220 ; l'hospice des Ménages, en 1557. L'hôpital de Saint-Louis a été construit par Henri IV ; celui de la Charité, en 1602, par Marie de Médicis du vivant de notre saint.

infirmités et la vieillesse (1). C'est lui qui contribua puissamment à la création de l'hôpital de la Pitié, du Refuge, de Sainte-Pélagie, par l'entremise et sous la direction de madame de Miramion; des maisons de la Providence et des Orphelines pour les jeunes filles privées de leurs parens (2).

L'hôpital de Sainte-Reine, ceux des Galériens, un hôpital sur les côtes de Barbarie pour les chrétiens qu'on n'avait pas pu racheter; l'établissement des Dames de la Charité dans les paroisses, en un mot, presque tout ce qu'il y eut de bon et de charitable à cette époque mémorable est dû à ce grand, à cet infatigable serviteur de Dieu.

Les Invalides institués sous Louis XIII à Bicêtre, et transférés par Louis le-Grand au lieu où nous les voyons aujourd'hui, furent desservis par les Lazaristes et les filles de la cha-

(1) L'hospice des hommes incurables que saint Vincent avait fondé à l'Enfant-Jésus est aujourd'hui, dans la même rue, à l'ancien couvent des Récollets; et les femmes incurables ont été transférées à l'hospice de ce nom, situé rue de Sèvres.

(2) Saint Vincent fut le supérieur et le protecteur de la maison de la Providence, fondée par madame de Pollalion; le directeur de celle des Orphelines, établie par mademoiselle de L'Etang; des Filles de la Croix, par madame de Villeneuve; des Filles de Sainte-Geneviève ou Miramionnes; des Dames de la Visitation; institutions pour les pauvres malades, ou l'instruction des jeunes filles, etc.

rité. L'hôpital des Incurables (femmes) n'est pas son ouvrage; mais il contribua à sa fondation, en 1637, par ses conseils, son exemple, son zèle, ses services, et ceux de sa congrégation, etc.

(3°) Pour la consolation de l'être malheureux et isolé sur la terre, pour le service de toutes ces infirmités, il avait conçu en 1630 cette admirable et si sainte communauté des filles de la Charité, servantes des pauvres, de ces vierges chrétiennes, d'héroïnes qui abandonnèrent et abandonnent aujourd'hui, à sa voix, leurs père et mère, leurs familles, leurs compagnes, leurs pays, pour servir Jésus-Christ dans la personne des malades et des pauvres. Il les institua et les établit d'abord, en 1633, à La Chapelle, village entre Saint-Denis et Paris; mais, en 1642, il les établit définitivement dans une maison vis à-vis de l'ancien Saint-Lazare, faubourg Saint-Denis, où est aujourd'hui la Maison royale de Santé.

Ne pas parler ici de mademoiselle Legras, née de Marillac, digne coopératrice de Saint-Vincent, serait manquer à la reconnaissance. Elle aida son saint directeur dans toutes les bonnes œuvres qu'il entreprit, et surtout dans l'établissement des filles de la Charité, dont elle fut la première supérieure, et dans l'institution des Enfans-Trouvés. Elle conserva, elle augmenta le bien que saint Vincent avait créé. L'estime et la profonde vénération que notre saint eut toujours pour cette vénérable fondatrice, la mettent au dessus de tout ce que je pourrais en dire (1).

Depuis 200 ans les filles de la Charité soulagent, visitent et soignent les malades; elles font des distributions journalières, et se vouent à l'éducation des jeunes filles (2).

Ces pieuses et modestes filles de saint Vincent, sa plus belle couronne, sont dépeintes par lui-même en ces termes : « Vous n'avez » pour monastères que les maisons des malades, » pour cellules, qu'une pauvre chambre et bien » souvent de louage; pour chapelle, que l'église » de la paroisse; pour cloître, que les rues de » de la ville ou les salles des hôpitaux; pour » clôture, que l'obéissance; pour grilles, que » la crainte de Dieu; et pour voile, qu'une » sainte modestie. »

(1) Elle mourut, âgée de 68 ans, le 15 mars 1660.

(2) Lors de l'évacuation de l'Espagne par l'armée française, et après la bataille d'Orthès, on envoya tous les soldats blessés à l'hôpital militaire de Toulouse. J'eus l'occasion de voir et d'admirer le zèle actif de toutes les filles de la Charité au milieu de ce grand nombre de malheureux pressés par la faim, la fatigue, ou le besoin de pansement; mais je n'oublierai jamais une jeune sœur qui parcourut plusieurs fois ce vaste hôpital, ses cours et ses jardins, cherchant partout un chirurgien pour panser un pauvre blessé qui souffrait extrêmement. Elle était si préoccupée des souffrances de ce pauvre militaire qu'elle me demanda deux ou trois fois si j'étais chirurgien; elle faisait la même question à tous ceux qu'elle rencontrait. Je ne puis rendre l'expression de sa charité

Mais voici ce qu'en dit un homme, un philosophe trop célèbre, Voltaire. « Peut-être » n'est-il rien de plus grand sur la terre que le » sacrifice que fait un sexe délicat de la beauté, » de la jeunesse, et souvent de la haute nais- » sance, pour soulager, dans les hôpitaux, ce » ramas de toutes les misères humaines, dont » la vue est si humiliante pour notre orgueil et » si révoltante pour notre délicatesse. »

Heureux si toujours ce grand écrivain eût porté des jugemens si justes et si vrais, et s'il eût senti que ce n'était que la religion qui pouvait inspirer un si beau dévouement, cette vertu inouïe, qui ne se trouve, de l'aveu même des protestans, que dans l'église catholique.

Saint Louis, Henri IV, Louis XIII, Louis XIV, qui ont construit nos hôpitaux, étaient les princes les plus dévoués à cette religion divine;

par mes paroles; mais, pour la mieux dépeindre, je dirai qu'une fille seule aurait pu mettre cette action, ce feu, ce sentiment, pour sauver les jours d'un père chéri.

Un respectable témoin m'a dit avoir vu, à l'hôpital du bagne, une sœur de la Charité servant un forçat atteint d'une maladie pestilentielle. Il ne put s'empêcher de verser des larmes en contemplant une vierge chrétienne, un être céleste, se dévouer pour un malheureux criminel, abandonné de tous les hommes par la double horreur de son mal et de ses crimes.

Je connais une supérieure d'un vaste établissement, d'une famille distinguée, et qui est très-souffrante depuis long-temps; je l'ai vue se priver d'une chaise pour la donner à une pauvre petite fille, et la lui passer avec la bonté d'une mère tendre envers une fille unique et chérie.

Louis XVI n'a pas fait, à cause du malheur des temps, tout ce que son cœur lui dictait : mais il payait les mois de nourrices; il retirait du mont-de-piété, pendant les rigueurs de l'hiver, les vêtemens des pauvres; il rendait à la liberté des débiteurs malheureux. C'est sous son règne qu'on donna un lit à chaque malade.

Les filles de la Charité, du vivant même de leur saint fondateur, furent répandues dans presque tout l'univers, et on les vit souvent sur le champ de bataille panser nos braves guerriers, et fermer doucement la paupière de ceux qui mouraient pour le roi et pour la patrie.

Mais aussi quel maître, quel apôtre n'ont pas eu ces saintes filles! « C'est aller à Dieu, » leur disait-il dans ses conférences, que servir les pauvres, et vous devez regarder Dieu » en leurs personnes; soyez donc bien soigneuses de tout ce qui leur est nécessaire, et » veillez particulièrement à l'aide que vous » leur pouvez donner pour leur salut. Qu'ils ne » meurent pas sans sacremens, ô mes filles; » vous n'êtes pas seulement pour leurs corps, » mais pour les aider à se sauver; exhortez-les » souvent à faire des confessions générales, » supportez leurs petites humeurs, et encouragez-les à souffrir pour l'amour de Dieu. Pensez que vous êtes leur ange gardien, leur » père, leur mère; pleurez avec eux, Dieu » vous a constitué pour être leur consolation... » Quel bonheur de servir J.-C. en ses pauvres

» membres ! il vous l'a dit, qu'il réputait ce » service comme fait à lui-même. »

Et voilà l'homme dont les esprits forts de notre époque ont voulu faire un sage et un philosophe !

Je le demande, d'où Vincent a-t-il tiré ces pensés si neuves, ce sublime enseignement, ces inventions si charitables? où a-t-il trouvé son modèle? l'homme religieux pourra séul me répondre que c'est dans l'Evangile, au pied de la croix du sauveur. *Le Seigneur était avec lui, il dirigeait toutes ses œuvres. Dominus erat cum illo, et omnia opera ejus dirigebat.* (Gen. 39, 13.) Ce bon maître lui donnait cette latitude de cœur et cette âme expansive aussi étendue que le rivage de la mer. (Rois, liv. 3, ch. 4, v. 29.) Vincent fut ce juste qui ne cessa de s'apitoyer, de prêter et de donner; aussi sa postérité sera en bénédiction. *Justus tota die miseretur et commodat : et semen illius in benedictione erit.* (Ps. 30, 26.)

Saint Vincent disait souvent aux filles de la Charité : « Que vous êtes heureuses que Dieu » vous ait destinées au service des pauvres pour » toute votre vie ! Oh ! que vous devez estimer » votre condition, puisque vous êtes dans les occasions de pratiquer tous les jours et à toutes » les heures les œuvres de charité qui sont les » moyens dont Dieu s'est servi pour sanctifier » plusieurs âmes. Oui, mes filles, un saint Louis » n'a-t-il pas exercé le service des pauvres dans

» l'Hôtel-Dieu de Paris, avec une si grande hu-
» milité que cela a servi à sa sanctification ?
» et tous les saints n'ont-ils pas cherché et tenu
» à honneur de se rendre agréables à Dieu par
» ce moyen ? Humiliez-vous donc bien fort, ô
» mes filles ! et pensez que ce vous est une
» grande grâce de Dieu, fort au-dessus de vos
» mérites. »

Il accomplit lui-même ce qu'il enseigne. Agé de plus de quatre-vingts ans, ayant promis l'aumône à quelques femmes, il descend de sa chambre où il est retenu par la maladie, ses maux et ses douleurs aux jambes. Il fait la distribution, et leur demande pardon, à genoux, de les avoir fait attendre.

(4°) Ce n'est pas tout; il reste encore un grand acte de charité à faire, un mal, une injustice à réparer; il va fonder un établissement ignoré des siècles passés. Des malheureuses créatures, innocentes de la tache de leur naissance, sont exposées toutes les nuits aux portes des églises, sur les places publiques. Les officiers de police les recueillaient; le chapitre de Notre-Dame fournissait bien à leur allaitement; on les apportait à une femme veuve, qui, aidée de deux servantes, leur donnait quelques soins et la nourriture : mais ces pauvres enfans se ressentaient bientôt de ces soins mercenaires. Ces marâtres, pour ne pas être dérangées par leurs pleurs et par leurs cris, leur donnaient un breuvage pour les faire dormir. On les donnait ou on les vendait pour différens usages, moyennant vingt sous. Une nourrice perdait-elle son nourrisson, elle allait acheter un de ces petits malheureux. Presque la totalité mourait dans leur plus tendre jeunesse, entre les mains de celles à qui on les avait confiés.

Saint Vincent va leur donner un asile, des mères tendres; son ouvrage menace ruine à cause de la rigueur des temps, il le conservera pour son siècle et pour l'avenir. Il confia ces enfans aux dames et aux filles de la Charité; il obtint du roi douze mille francs; mais la dépense s'élevant à quarante mille tous les ans, la misère publique, tant d'autres aumônes, les calamités de la France firent penser unanimement qu'il était impossible de continuer cette bonne œuvre. Saint Vincent convoqua une assemblée générale où il se rendit; il mit en délibération si on continuerait ce soin; il posa les raisons de part et d'autre; il fit voir d'un côté qu'on n'avait pas contracté d'engagement, mais, de l'autre, que par leurs soins charitables ces dames avaient sauvé la vie de l'âme et du corps de cinq à six cents pauvres enfans. « Plusieurs d'entre eux vont n'être plus à charge à personne, plusieurs apprennent, et plusieurs autres vont apprendre un métier. » Et en finissant, il leur dit, d'un ton animé, expressif et tendre, ces belles paroles qui peignent si bien son cœur, son zèle, son ardente et inépuisable charité : « Or sus, mesdames, la compas-

» sion et la charité vous ont fait adopter ces » petites créatures pour vos enfans; vous avez » été leurs mères selon la grâce, depuis que » leurs mères selon la nature les ont abandon- » nées : voyez maintenant si vous voulez aussi » les abandonner. Cessez d'être leurs mères, » pour devenir à présent leurs juges. Leur vie » et leur mort sont entre vos mains ; je m'en » vais prendre les voix et les suffrages; il est » temps de prononcer leur arrêt, et de savoir » si vous ne voulez plus avoir de miséricorde » pour eux. Ils vivront, si vous continuez d'en » prendre un charitable soin; et au contraire » ils mourront et périront infailliblement, si » vous les abandonnez. »

La seule lecture de ce morceau si éloquent et si pathétique arrache des larmes; mais jugez de l'effet qu'il dut produire, prononcé par l'homme le plus sensible, le plus généreux, par le saint apôtre de l'humanité, par celui à qui *Dieu avait donné une voix de vertu* (*Dominus dabit voci suæ vocem virtutis*), une voix pour entraîner les justes à la miséricorde, et tous les pécheurs qui l'entendaient à la conversion et à la pénitence.

On n'entendit d'abord dans cet illustre et pieux auditoire que des soupirs et des sanglots; on ne répondit que par des larmes; toute impossibilité disparut; d'un commun accord l'assemblée voulut continuer la bonne œuvre; on ne délibéra, mais avec plus d'ardeur et de zèle, que sur l'exécution. A la voix du saint, chacun se défit, non pas du superflu, mais du nécessaire; on acheta, après avoir essayé de Bicêtre et d'un local près de Saint-Lazare, deux maisons, l'une au faubourg Saint-Antoine, où sont encore aujourd'hui ces pauvres enfans, et l'autre au parvis Notre-Dame, devant l'Hôtel-Dieu, laquelle a été consacrée à l'allaitement des enfans jusqu'à la révolution (elle sert actuellement à l'administration générale des hospices de Paris); et la seconde maison des Enfans-Trouvés (la Crèche) est aujourd'hui près de l'Observatoire, rue d'Enfer, n° 74, dans l'ancien couvent des Pères de l'Oratoire.

Du temps du saint fondateur il y avait tous les ans trois à quatre cents enfans exposés; l'abbé de Choisy, qui vivait de 1644 à 1724, disait que *les dépenses de cet établissement se portaient annuellement à cent cinquante mille fr.*; à combien doivent-elles s'élever aujourd'hui qu'il y a dans Paris sept à huit mille enfans-trouvés tous les ans?

Cet immense travail coûta infiniment à notre saint; il visitait souvent ces pauvres enfans, et quand ses occupations ne le lui permettaient pas, et qu'il eut fondé les prêtres de la mission, il y envoyait quelqu'un de ces messieurs pour le remplacer. O Providence! vous avez dit que, *quand notre mère nous aurait abandonnés, vous ne nous abandonneriez jamais.* Vincent n'a-t-il pas été choisi pour réaliser cette promesse du Seigneur notre Dieu?

CHAPITRE V.

1o Ses autres travaux; nouveaux traits de sa charité; sa piété, sa patience, son humilité, son dévouement à Dieu, à l'Église de Jésus-Christ, au roi. — 2o Sa mort. — 3° Bref de Benoît XIII pour la canonisation de saint Vincent de Paul.—4o Son culte.—5o Prière.

(1°) Après l'assassinat juridique de Charles Ier, roi d'Angleterre, plusieurs royalistes anglais et irlandais s'étant retirés en France dénués de tout, saint Vincent établit une association de charité, pour subvenir à tous leurs besoins, pendant leur longue émigration. Quelle est donc en effet, je le répète, l'infortune que saint Vincent n'ait point soulagée? Quel est le mal auquel il n'ait pas apporté remède? Sa charité active embrasse le présent et l'avenir, les races présentes et futures. En lui la charité ne meurt point : *caritas nonquam excidit ;* et c'est par lui qu'elle existe encore aujourd'hui parmi nous. Il ne néglige rien au milieu de tant d'affaires dont une seule eût dû l'absorber tout entier; son zèle embrasse les pays les plus éloignés, comme ceux qui l'environnent.

Fils d'un pauvre paysan, simple prêtre, par sa foi vive, par son espérance ferme, par son ardente charité, il conçoit et exécute les plus vastes entreprises, il ne rejette aucune prière, il ne manque à aucun besoin, il guérit toutes les infortunes, *il peut tout en celui qui le fortifie.*

Paris, où depuis plus de deux siècles on ne peut faire un pas sans trouver un monument de sa charité, n'est pas un assez vaste théâtre. Il envoie les prêtres de la mission, les filles de la Charité dans toute la France, en Italie, en Pologne, en Espagne, en Savoie, en Piémont, en Lorraine, à Alger, à Tunis, à Madagascar, en Irlande; et cependant sa belle âme ne laissait pas d'être entièrement unie à Dieu. Maître de ses passions, il ne se vengea jamais que par des actes de bienfaisance; rien ne put déconcerter sa douceur et sa patience, ni les calomnies, ni les injures, ni les persécutions, ni la plus noire ingratitude. Si on l'accusait : « Je » suis un grand pécheur, » disait-il. Le pressait-on de se justifier ? « Jésus-Christ en a bien » souffert d'autres, et n'a jamais usé de justifi» cation. » On lui dit un jour avec colère, *qu'il était un ignorant, et qu'on s'étonnait comment sa congrégation le pouvait souffrir pour supérieur.* « Je m'en étonne plus que vous-même, » répondit le pieux et modeste Vincent, parce » que je suis encore plus ignorant que vous ne » pensez. »

Ces paroles ne prouvent que la profonde humilité de notre saint : car tous les établissemens qu'il a fondés et dirigés, toutes les paroles que j'ai citées, attestent un génie heureux et vaste. Sans doute, comme notre siècle, il n'écrivit pas pour l'humanité; mais il fit tout pour elle, il lui consacra sa vie entière. Saint Vincent ne cultiva pas les sciences; mais il institua, il consolida tous ses ouvrages : il donna des réglemens à Saint-Lazare, aux filles de la Charité, et à l'Hôpital Général, qui sont des monumens de sa science et de son jugement.

Je ne puis m'empêcher de produire ici un morceau plein de sagesse et si utile à l'époque où nous sommes, où chacun veut avoir un brevet d'esprit et d'invention; il disait : « L'esprit humain est prompt et remuant. Les esprits les plus vifs et les plus éclairés ne sont pas toujours les meilleurs, s'ils ne sont pas les plus retenus. Ceux-ci marchent sûrement qui ne s'écartent pas du chemin où le gros des sages a passé. *Il fuyait donc les profanes nouveautés de paroles, et toutes les oppositions du faux nom de science. — Devitans profana vocum novitates et oppositiones falsi nominis scientiæ.* (Tim. 6. 28.)

Un prêtre nouvellement reçu à la mission crut, dans une conférence, pouvoir faire l'éloge de saint Vincent; celui-ci l'interrompit : « Monsieur, nous avons ici cette pratique, de ne louer personne en sa présence. Il est vrai que

» je suis une merveille, comme vous le dites, » mais une merveille de malice. »

On lui annonça en particulier un jeune homme qui se disait son neveu; il surmonta un premier mouvement, et, au lieu de le recevoir dans sa chambre, il le présenta à toute la communauté, en habits de paysan et de voyageur.

Une femme lui demandait l'aumône, et, pour se rendre plus intéressante, elle ajouta qu'elle avait été servante de madame sa mère. « Vous vous trompez, vous me prenez pour un » autre, » lui dit notre saint, devant plusieurs personnes de condition; « ma mère n'a jamais » eu de servante, étant la femme et moi le fils » d'un paysan. »

Dans une assemblée générale qui eut lieu en 1642, on vit un exemple touchant de son humilité, qui arracha un torrent de larmes de tous les yeux; il se prosterna à genoux au milieu de ses enfans, il demanda pardon des fautes qu'il avait commises, et se démit, en cette posture si humble, de ses fonctions de supérieur général de la mission. « Je remets, leur » dit-il, la charge entre vos mains; faites, au » nom de Dieu, élection d'un autre d'entre » vous pour être notre supérieur. » Cela fait, pour éviter toute objection, il se retira promptement: mais l'assemblée, pénétrée d'admiration et de respect, détruisit l'effet de cette démarche, de cette démission, en l'élisant à l'unanimité. Ce ne fut qu'après les plus vives instances que saint Vincent reprit ses fonctions.

Nous avons vu son humilité dans les missions, celle qu'il exige de ses prêtres ; le voici attribuer l'établissement des filles de la Charité, qui lui est dû à si juste titre, à une cause bien éloignée et bien indirecte. « Et que ce soit » Dieu, mes filles, qui vous ait établies, il n'en » faut pas douter; car ce n'a pas été mademoi- » selle Legras, elle n'y avait point pensé. Pour » moi, hélas ! je n'y songeais pas. La première » qui ait fait vos fonctions fut une bonne fille » des champs, pauvre fille qui gardait les va- » ches, et, en les gardant, avait appris à lire, » et se faisait montrer par les personnes qu'elle » voyait avoir façon de savoir lire; et ce qu'ils » lui avaient montré, elle l'étudiait après, elle » seule, et fit tant, avec l'aide de Dieu, qu'elle » l'apprit. Quand elle le sut, elle eut dévotion » de le montrer aux autres. Elle me vint trou- » ver où j'étais alors en mission ; Monsieur, me » dit-elle, je me suis appris à lire. J'aurais grand » désir de l'apprendre à d'autres filles des » champs qui ne le savent pas. Serait-ce bien » fait ? Oui, ma fille, et je vous le conseille. » Elle s'en alla demeurer à Villepreux, où elle montra quelque temps.

Les dames de Charité servaient les pauvres elles-mêmes, portaient, comme dit saint Vincent, « la marmite, les médicamens et tout le » reste, et comme la plupart étaientde condi-

» tion, et avaient mari et famille, elles étaient » souvent incommodées de cette marmite; de » sorte que cela les rebutait : elles parlaient de » trouver quelques servantes qui fissent cela » pour elles. Cette fille, entendant parler de cela, » désira d'être en cet emploi, et y fut reçue par » les dames. Celles des autres paroisses en dé- » sirèrent autant, et me prièrent que, s'il y » avait moyen, elles en pussent avoir. Made- » moiselle Legras, à qui Dieu avait donné le » zèle pour sa gloire qu'elle a eu toute sa vie, » fut priée de les prendre sous sa direction et » conduite, pour les dresser à la dévotion et à la » manière de servir les pauvres; et *on leur prit* » *une maison*. Or voilà comme cela s'est fait, » sans que personne en eût dessein; car la » bonne fille qui a commencé n'y pensait nul » lement. De sorte, mes filles, que Dieu vous a » assemblées lui-même d'une façon toute pleine » de mystère, et si excellente, que personne » du monde n'y a jamais trouvé à redire : je » suis encore à trouver un homme qui ait dit : » Cela n'est pas bien. Qui doute donc que ce » ne soit Dieu qui est l'auteur de votre com- » pagnie. » Il disait aux Lazaristes ou aux filles de la Charité : « Nous ne sommes que de pau- » vres gens indignes d'entrer en comparaison » avec les autres compagnies.

» Oh! que je voudrais qu'il plût à Dieu faire » la grâce à cette chétive compagnie de se bien » établir dans l'humilité, et qu'elle demeurât

» là comme en son poste et en son quartier ! »

En 1643, le prince de Condé ayant voulu le faire asseoir auprès de lui au conseil du roi, saint Vincent lui dit : « Votre Altesse me fait » beaucoup d'honneur de vouloir bien me souf- » frir en sa présence, moi qui ne suis que le fils » d'un pauvre porcher. » Le prince lui fit cette spirituelle, cette sage et belle réponse ; qui caractérise si bien l'homme vraiment noble : « Monsieur Vincent, les mœurs et la bonne » conduite sont la vraie noblesse de l'homme. »

Il disait souvent « qu'il était le plus ridicule, » le plus rustique et le plus sot de tous les » hommes, et qu'il ne pouvait dire six paroles » de suite sans paraître n'avoir ni esprit, ni » jugement, ni vertu. »

Malgré sa profonde humilité, son excessive modestie, son sincère éloignement du monde ; son grand mérite, ses vertus et ses lumières le firent choisir pour assister Louis XIII à sa mort, et bientôt après aux conseils de la reine-mère de Louis XIV. Il fut le directeur de plusieurs illustres personnes, de plusieurs communautés dont il fut le fondateur, le protecteur et le législateur.

Au lit de mort, notre saint, entouré de tous ses enfans fondant en larmes, on le pria de bénir sa compagnie ; il répondit avec son humilité et sa modestie ordinaire : « Celui qui a commencé cette bonne œuvre l'accomplira lui-même. » *Qui cœpit opus bonum, ipse perficiet.*

Dans les troubles civils de son temps, dans les débats religieux qui agitaient et affligeaient l'Eglise, Vincent jeûna; il pria, il gémit, en invoquant la paix et la miséricorde; il se comporta toujours en saint, uniquemeut occupé au service de Dieu et des pauvres, vraie base du christianisme, à la prière et à la méditation des choses saintes. Français dévoué et fidèle à son roi, fils respectueux de l'Eglise, il fut inviolablement attaché et soumis à toutes ses décisions; il avait des amis et des admirateurs dans les différens partis; il n'approuvait ni une morale relâchée, ni ce rigorisme outré qui damne tout l'univers, qui rendrait le joug de Jésus-Chrit si pesant, en un mot il évita les extrêmes. La constance de sa foi dans les différentes épreuves qu'il eut à souffrir lui assura cette délicatesse sur l'intégrité de la croyance catholique.

Malgré ses immenses travaux, ses infirmités, son grand âge, il se leva constamment, jusqu'à sa mort, à quatre heures du matin. Il disait la messe, il faisait trois heures d'oraison, il exécutait rigoureusement les lois de l'abstinence et du jeûne, il couchait sur la paille; son lit n'avait point de rideaux; ses jambes étaient enflées jusqu'aux genoux. La reine et l'archevêque de Paris l'ayant forcé d'avoir une petite voiture aussi simple qu'il le voudrait, il l'appela constamment sa honte et son ignominie. Il y faisait monter le premier malheureux qu'il rencontrait dans les rues de Paris, et il le conduisait à Saint-Lazare ou à quelque hôpital. « Depuis seize ans, disait-il, je ne me suis » point couché sans m'être mis auparavant en » disposition de mourir. »

Sorti d'un assoupissement fréquent qu'il eut avant sa mort, il disait : « C'est le frère; la » sœur ne tardera pas à le suivre. » Dans les plus grandes souffrances il disait, en regardant l'image de notre Seigneur attaché à la croix : « Ah ! mon Sauveur, mon bon Sauveur ! »

(2°) Après une longue maladie et une fièvre qu'il avait eue pendant trente ans, et auxquelles son activité, son grand zèle imposèrent toujours silence; après une vie si glorieuse, si bien remplie, il rendit à Dieu, le 27 septembre 1660, à quatre heures et demie du matin, la plus belle âme qui eût jamais été. Il était âgé de près de quatre-vingt-cinq ans. Ainsi mourut l'oracle de la cour, l'honneur du sacerdoce, le père des pauvres, l'apôtre des malheureux, la terreur des hérétiques et des infidèles qu'il combattit victorieusement avec les armes de la douceur, de la charité et du zèle; ainsi mourut ce saint, dont on peut compter les établissemens charitables, mais dont il est impossible de dire tout le bien spirituel qu'il a fait et qu'il a procuré.

Le prince de Conti, la bienfaisante duchesse d'Aiguillon, nièce du cardinal de Richelieu, les seigneurs et dames les plus distingués de la cour, le nonce du pape, tous les archevêques et évêques qui se trouvaient à Paris, les curés, les ecclésiastiques et les religieux de différens ordres, tous les pauvres de la capitale et des environs voulurent assister à ses funérailles.

Louis XIV, apprenant la mort de ce grand serviteur de Dieu, s'écria : « Quelle perte ! » quel saint ! » Ce mot si vrai et si juste fut répété dans tout Paris, dans toute la France, dans toute la chrétienté.

Il mourut à Saint-Lazare; il fut enterré dans le chœur de l'église, au pied du maître-autel. On voyait, avant 1789, cette tombe de marbre; on y lisait en latin cette modeste inscription : ICI REPOSE LE VÉNÉRABLE VINCENT DE PAUL, PRÊTRE, FONDATEUR OU INSTITUTEUR ET SUPÉRIEUR GÉNÉRAL DE LA CONGRÉGATION DE LA MISSION ET DES FILLES DE LA CHARITÉ. IL MOURUT LE 27 SEPTEMBRE 1660, DANS LA QUATRE-VINGT-CINQUIÈME ANNÉE DE SON AGE.

(3°) Après les décrets d'usage, sur les vertus et les miracles de saint Vincent, en date du 22 septembre 1727 et du 14 juillet 1729, où le cardinal de Polignac fut rapporteur, le pape Benoît XIII rendit, le 13 août 1729, un bref pour la canonisation de ce saint, et dont voici un extrait.

POUR PERPÉTUELLE MÉMOIRE.

» Le seigneur, qui est également juste et miséricordieux, orne toujours de divers dons de sa grâce quelques-uns de ses plus particuliers serviteurs et élus, qu'il a prédestinés dès le commencement du monde, pour l'accomplissement de son œuvre; et quelquefois il lui plaît de manifester leur sainteté par des miracles et des prodiges, afin que sur la terre les fidèles rendent les honneurs convenables à ceux que dans le ciel il couronne d'une gloire éternelle. Entre ces hommes choisis, le serviteur de Dieu, Vincent de Paul, prêtre français, fondateur de la congrégation des prêtres de la mission et de la compagnie des filles de la Charité, a brillé par tout le monde d'une manière singulière. Il a été embrasé d'une si admirable charité envers Dieu et envers le prochain, qu'on peut dire que son cœur avait reçu une étendue toute extraordinaire, par une abondante effusion du Saint-Esprit. Aussi fut-il continuellement occupé de la pratique des plus solides œuvres de la piété, et surtout du soin de gagner les âmes à Dieu. Il vit avec douleur les pauvres gens de la campagne, plongés, pour la plupart, dans les ténèbres de l'ignorance; et, pour les en tirer, il s'engagea, lui et les prêtres de sa congrégation, à les instruire des mystères de la foi catholique, à leur montrer le chemin du salut, et à leur expliquer les commandemens qu'il faut accomplir pour y arriver. Il s'attacha aussi avec un soin tout particulier, à bien former les jeunes clercs; en un mot il cultiva toutes les vertus. Etant revêtu d'une force toute céleste, il s'est montré, pendant tout le cours de son pélerinage, c'est-à-dire, pendant tout le temps qu'il a passé sur la terre, un fidèle ministre et un courageux ouvrier. Il a travaillé infatigablement à cultiver la vigne du Seigneur; il a rempli l'Eglise universelle de la très-suave odeur de ses parfums spirituels, et l'a enrichie par une heureuse fécondité des fruits les plus abondans; et enfin plein de jours et de mérites, aimé de Dieu et des hommes, il a heureusement terminé le cours de cette vie mortelle. Il est donc du devoir de la charge pastorale, dont le Très-Haut nous a chargé, de ne pas laisser plus longtemps sous le boisseau une si éclatante lumière; mais il faut que par notre ministère elle soit placée sur le chandelier, afin qu'elle éclaire tous ceux qui sont dans la maison de Dieu, pour la gloire du Tout-Puissant, l'honneur de l'Eglise catholique, la consolation et l'édification du peuple chrétien. C'est pourquoi la congrégation de nos vénérables frères les cardinaux de la sainte Eglise romaine, préposés aux sacrés rites, après avoir considéré et examiné avec soin les procès faits par la permission du siége apostolique, sur la sainteté de la vie du serviteur de Dieu, Vincent de Paul, sur les vertus héroïques qu'on disait avoir relui dans sa conduite en bien des manières, et sur les miracles qu'on assurait que Dieu avait opérés par son intercession, pour manifester aux hommes sa sainteté; après avoir aussi entendu les suffrages des consulteurs dans la congrégation générale tenue en notre présence, ayant jugé d'avis unanime et animés d'un même esprit que ledit serviteur de Dieu pouvait être, quand nous le jugerions à propos, déclaré Bienheureux; nous, ayant volontiers égard aux pieuses et instantes prières qui nous ont été faites à ce sujet, par notre très-cher fils en notre Seigneur le très-chrétien roi de France, Louis, par notre très-chère fille la très-chrétienne reine de France, Marie son épouse, par plusieurs autres très-hauts princes catholiques, par nos vénérables frères les archevêques et évêques de France, par nos chers fils, les autres ecclésiastiques du clergé du même royaume, avec l'avis et le consentement desdits cardinaux, de notre autorité apostolique, nous accordons par les présentes que ledit serviteur de Dieu soit désormais appelé bienheureux, que son corps et ses reliques soient exposés à la vénération des fidèles; que ses images soient ornées de rayons ou de gloire, et que tous les ans, au jour anniversaire de son Bienheureux décès, on en fasse l'office et qu'on en dise la messe comme d'un confesseur. » Etc.

(4°) Après cette canonisation, ces reliques furent tirées du tombeau de la chapelle de Saint-Lazare, pour être placées dans une châsse, par Charles-Gaspard de Vintimille de Lucques, des comtes de Marseille, archevêque de Paris.

Il n'y a presque pas d'églises où l'on n'ait élevé à Dieu, sous l'intercession de saint Vincent, une chapelle, un autel, ou qui n'ait un tableau ou une statue qui le représente. La sculpture et la peinture ont reproduit mille fois ses traits où se peignent si bien la candeur la bonté, la charité. Depuis près de deux siècles, son éloge est dans toutes les bouches, sa mémoire dans tous les cœurs.

Les faits dont je viens de parler, cette charité sans exemple et sans bornes, cette humilité si profonde, me dispensent suffisamment de parler des nombreux miracles que Dieu a opérés par son intercession, et qui furent juridiquement prouvés, lorsqu'il fut mis au nombre des bienheureux et des saints, en 1729 et 1737. *Le ciel le couronna d'honneur et de gloire;* les peuples de la terre, pleins de reconnaissance, bénissent sa mémoire et le proclament leur bienfaiteur.

La philosophie du dernier siècle, si pauvre en grands hommes, voulut s'emparer de ce fidèle chrétien, de ce fervent catholique, de ce saint prêtre, si respectueux pour l'autorité de Jésus-Christ. Pendant les horreurs de la révolution et de la terreur, après avoir détruit tous les établissemens utiles, créés par Vincent, elle lui éleva des statues, dans ses temples de la raison et du Panthéon, et le proclama l'ami de l'humanité; le philosophe du dix-septième siècle.

(5°) O mon Dieu ! jetez un nouveau regard de miséricorde sur la France si différente d'elle-même, si différente de ce que saint Vincent l'avait faite. Nous admirons votre bonté pour votre Eglise, en lui donnant ce saint prêtre ; votre bras n'est pas raccourci : accordez-nous la foi, l'espérance, la piété et la charité ; nous vous demanderons chaque jour et à tous les instans ces vertus, tant pour nous que pour tous nos frères. N'avons-nous pas payé leur perte assez cher ? Egarés, pervertis par de mauvais guides depuis près d'un siècle, nous errons dans des déserts bien affreux, dans les déserts de l'ordre social et de l'irréligion. Si c'est votre volonté que ce soit encore ainsi, qu'elle s'accomplisse, Seigneur ; mais veuillez donner à votre peuple, à vos saints, à vos enfans, la colonne de feu qui doit les conduire, et la manne céleste qui doit les nourrir.

Grand saint, illustre apôtre des pauvres et des malheureux, vous, *sur qui se reposa l'esprit du Seigneur pour guérir ceux qui ont le cœur brisé, pour prêcher la délivrance aux captifs, pour consoler ceux qui pleurent* (Is. 61. 12), vous, incomparable serviteur de Dieu, père de tous les infortunés, qui avez mérité que la charité orne d'une couronne votre modeste front, priez pour nous ; nous vous en supplions ; priez pour la France, que vous avez aimée si tendrement.

CHAPITRE VI.

Morceau historique jusqu'à nos jours, concernant Saint-Lazare, son pillage, le rétablissement des Filles de la Charité et des Lazaristes; translation des reliques de saint Vincent.

COMME je l'ai dit plus haut, saint Vincent vint au monde à peu près à la même époque que Henri-le-Grand (1). Tous les établissemens de notre saint ont eu lieu sous les princes de cette auguste famille, et ont été puissamment protégés par eux. Le pieux et bienfaisant *Louis XVI*, venu dans des temps si malheureux, et ne pouvant faire davantage, assigna sur sa cassette une somme annuelle de 12,000 fr. pour les missions de *la Chine*, que les prêtres de la mission avaient fondées, et qu'ils continuent aujourd'hui. Mais l'orage révolutionnaire grondait de plus en plus. Les enfans de l'apôtre des pauvres et des malheureux

(1) Les traits de bonté de ces deux grands hommes sont si caractérisques, sont si bien gravés dans tous les cœurs français, qu'on ne peut pas voir leurs portraits sans s'écrier : *Voilà saint Vincent de Paul! voilà Henri IV!*

disparurent avec les Bourbons, enfans de saint Louis.

La mission de Saint-Lazare et les filles de la Charité s'étaient maintenues dans la simplicité, la piété, le zèle apostolique et l'ardente charité de leur saint fondateur, jusqu'à la révolution, qui renversa et brisa l'autel et le trône.

On allait célébrer dans cinq jours à Saint-Lazare, au pied de la châsse de saint Vincent, le soixantième anniversaire de sa fête; mais la philosophie pratique, la philosophie armée de la fin du dix-huitième siècle, détruisit en quelques instans les chefs-d'œuvre en tous genres du siècle précédent et des siècles antérieurs. Ceux qui avaient été élevés, nourris, secourus, chassèrent ou mirent à mort leurs bienfaiteurs, leurs protecteurs, leurs instituteurs et leurs pères. Du temps même de saint Vincent, la congrégation de la Mission avait produit, dans les pays infidèles et barbares, ses martyrs à l'Eglise et au ciel. La *France*, en 1792 et années suivantes, en a augmenté le nombre. Je citerai seulement M. *François*, supérieur du séminaire de Saint-Firmin, à Paris.

Les filles de la Charité même ne furent pas épargnées, je tairai les indignes traitemens que plusieurs d'entre elles eurent à subir, et l'indignation qu'ils excitèrent dans tout le monde civilisé.

Voici l'histoire du pillage de Saint-Lazare,

le 13 juillet 1789; je pourrais dire de sa destruction qui eut lieu en effet peu de temps après, en 1792, à la suite du décret de l'assemblée législative, qui supprima tous les corps religieux.

Ce morceau est pris en entier d'un ouvrage qui parut au commencement de nos troubles, et qu'il suffira de nommer pour ne pas être accusé d'exagération; ce sont les *Tableaux historiques de la révolution française*, 12e tableau, p. 45 et suivantes.

On y verra avec douleur l'ingratitude des hommes en général, celle d'un jeune homme en particulier, mais avec admiration : la foi, la pieuse et charitable condescendance, la fermeté héroïque des prêtres de saint Vincent, et avec frémissement un terrible, un subit et incontestable effet de la vengeance du ciel sur les profanateurs et les impies.

XIIe TABLEAU DE LA RÉVOLUTION

PILLAGE DE SAINT-LAZARE.

« L'événement funeste dont nous allons parler est de tous les désastres précurseurs de la révolution celui qui l'annonce sous les auspices les plus sinistres ; il rassemble des circonrtances qui font frémir. Nous supprimerons les plus horribles, dont le souvenir, presque perdu, a été comme englouti dans le torrent rapide des événemens qui se succédèrent d'heure en heure, dans cette semaine à jamais mémorable.

Le lundi 13 juillet, à 2 heures du matin, pendant qu'à l'extrémité de chaque faubourg, les barrières incendiées fumaient encore; tandis que le plus grand nombre des citoyens, après avoir vu l'incendie éteint, se retiraient chez eux, des brigands (c'étaient le nom qu'ils se donnaient eux-mêmes) se rassemblèrent derrière le moulin des Dames de Montmartre, et là tinrent conseil pour savoir par où ils commenceraient leurs forfaits, qu'ils appelaient leurs exploits. Les uns voulaient débuter par le prieuré de Saint Martin, les autres par d'autres maisons religieuses, lorsqu'un d'entre eux demanda la *priorité* pour la maison de Saint-Lazare; la priorité, ce fut son terme; ces misérables se faisant un jeu d'imiter, dans leur conciliabule, les formes usitées dans les assemblées populaires, et d'en reproduire même les expressions. Cette motion contre Saint-Lazare ayant eu la majorité, un des membres fit ajouter par amendement, disait-il, qu'après l'incendie de Saint-Lazare on procéderait à celui des maisons religieuses et ensuite de toute maison réputée riche, sans en épargner une seule, à moins qu'on ne rencontrât une résistance insurmontable. Cet amendement, qu'on avait écouté dans le plus profond silence, fut reçu avec acclamation et décrété unanimement.

On passa ensuite à la nomination des chefs, entre les mains desquels on jura une obéissance aveugle en tout ce qui serait commandé pour l'exécution des projets convenus. Il fut assigné à ces chefs une décoration visible, arborée à l'instant; c'était un ruban vert et noir, flottant auprès de la ganse du chapeau. Toute arme offensive leur fut interdite, et une canne ou un bâton fut, dans leurs mains, le signe du commandement. Ils devaient de plus s'abstenir du pillage; condition qu'ils acceptèrent, après quelques débats.

Ayant ainsi tout réglé, la horde se mit en marche, armée de bâtons, de sabres, de masses et de merlins trouvés dans les bureaux des barrières. Ils arrivèrent sans bruit, à trois heures du matin, devant une des portes de Saint-Lazare, où se fit sur-le-champ l'appel nominal qui devait précéder l'expédition. L'appel ne fut pas long, les associés n'étaient alors que quarante-trois, en y comprenant les chefs.

Le signal étant donné, ils assaillirent la porte, qui ne résista pas long-temps aux coups de haches et de masses : elle fut enfoncée; et déjà les brigands inondaient la cour de la communauté, et criaient d'une voix terrible : — Du pain! du pain! A ces cris, à ce tumulte, les religieux s'enfuient, sans savoir où, laissant leurs effets et leurs hardes à ces misérables, qui s'en saisirent, et s'en revêtirent sur-le-champ, mêlant ainsi l'apparence d'une mascarade aux horreurs d'une scène révoltante.

Cependant, à ces cris, Du pain! du pain! le procureur de la maison ordonna que l'on conduisît ces messieurs par la basse-cour dans la cuisine, où l'on dressa sur-le-champ des tables aussitôt couvertes de pain, de viande et de vin à discrétion, les frères s'empressant de servir ces exécrables hôtes.

Après avoir assouvi leur faim et surtout leur soif, ils demandèrent s'il n'était pas possible de leur procurer des armes pour défendre la ville contre les ennemis du tiers-état. Les misérables se qualifiaient ainsi d'un nom sous lequel on comprenait alors la nation entière, à l'exception des privilégiés, qui pendant longtemps se sont fait un plaisir absurde et lâche de confondre dans une même dénomination les citoyens les plus honnêtes, les plus éclairés, les plus notables, avec les derniers des hommes, c'est-à-dire les scélérats.

Les religieux de Saint-Lazare répondirent à ces prétendus vengeurs du tiers-état qu'il n'y avait point d'armes dans la maison, et qu'on pouvait s'en assurer par la visite de toutes les chambres. —Eh bien! de l'argent! Le supérieur et le procureur, montés sur un banc, leur répondirent avec un extérieur tranquille. —Messieurs, votre volonté sera faite : et à l'instant on leur fit distribuer six cents livres. Un murmure de mécontentement fit connaître que la somme paraissait modique; et aussitôt on leur donna une autre somme de huit cents livres. Cette seconde distribution parut les calmer; et pressentant que leur nombre allait s'accroître, ils se hâtèrent d'en faire le partage avant l'arrivée des survenans.

Aussitôt après cette seconde distribution, les chefs avaient envoyé quelques-uns de leurs subordonnés parcourir la maison, pour prendre connaissance des lieux et diriger l'attaque; c'est ce qu'ils appelaient la visite de leurs ingénieurs. Ceux-ci se firent attendre jusqu'à cinq heures et demie, et tandis que les cours se remplissaient de monde; hommes, femmes, enfans, qui attendaient six heures; moment où devait commencer l'attaque générale.

Le signal se donne : aussitôt ils courent aux appartemens les plus riches et qui renfermaient les objets les plus précieux, au secrétariat général de l'ordre, à la pharmacie, à la bibliothèque, toutes les deux célèbres, à l'appartement du supérieur général, où ils trouvent des reliques qu'ils brisent, un coffre-fort qu'ils enfoncent, de l'or qu'ils saisissent, qu'ils se disputent, pour lequel ils se battent. Les cris, les imprécations, les hurlemens retentissent à travers le bruit des haches, des marteaux, des maillets. Les maîtres des maisons voisines, les habitans du quartier sont saisis d'effroi, tremblant pour eux-mêmes et ne sachant où peut s'arrêter ce désordre inouï.

Quelques-uns courent aux casernes des gardes-françaises, rue du Faubourg Saint-Denis, pour implorer leur secours. Les soldats répondent : qu'ils ne peuvent se déplacer sans un ordre de leurs chefs, et que de plus ils ne se mêlaient point des objets de police.

Le hasard suspendit un moment ces atrocités. Un gros détachement des gardes françaises passe devant Saint-Lazare pour gagner le faubourg Saint-Denis. Les brigands, saisis d'épouvante, le croient commandé contre eux; ils prennent la fuite, et, parcourant l'enclos, les uns escaladent les murailles pour se sauver, les autres, plus timides, se cachent dans les blés. On se croyait délivré de ces monstres; mais par malheur un de leurs chefs, qui s'était trouvé à la porte du couvent, avait recueilli le refus qu'avaient fait ces nouveaux gardes-françaises d'entrer dans l'intérieur, disant, comme les autres, que la police ne les regardait pas. Transporté de joie, ce misérable rappelle ses complices, fait des signaux, les rallie malgré leur frayeur, et leur apprend le refus des soldats qui les remplit d'une féroce allégresse. Leur fureur redouble : ils remontent à la bibliothèque, à la salle des tableaux, au réfectoire, aux chambres particulières des religieux, brisent, renversent, jettent tout par les fenêtres, et semblent regretter de n'avoir plus rien à détruire que les murailles.

Tout à coup, un de leurs chefs représente qu'il faut donner une preuve de leur humanité, et aller délivrer les prisonniers détenus dans la maison de force. On y court; les portes sont enfoncées, et deux prisonniers, les seuls qui s'y trouvassent alors, sont conduits en triomphe devant le chef. « Je suis surpris et » fâché, dit-il, que vous ne soyez que deux. » Allez, et profitez de notre bienfaisance. » A ce mot, on se rappelle une autre espèce de détenus, les fous, les aliénés, et l'on s'écrie qu'il faut les délivrer sur-le-champ. L'ordre est donné, il s'exécute. Alors paraissent et défilent l'un après l'autre ces êtres infortunés que leurs prétendus libérateurs soutiennent sous le bras, et qu'ils conduisent dans la rue, en y déposant les hardes et les malles de ces malheureux qu'ils abandonnent à la pitié publique. Quelques citoyens honnêtes, pénétrés de douleur, se chargèrent d'eux, et les firent conduire à l'Hôtel-Dieu pour leur donner un asile et les secours dus à leur triste état.

Toutes ces horreurs, commencées dans la nuit, se consommaient en plein jour, et, ce qui est inconcevable, aux heures déterminées d'avance par les chefs. On a su depuis (et c'est un de ces traits qui remplissent l'âme d'une douleur profonde et d'une amertume misanthropique), on a su qu'un de ces chefs était un jeune homme autrefois reçu par charité dans la maison de ces religieux, et même traité par eux avec une indulgence paternelle. C'était le titre qu'il avait fait valoir auprès de ces brigands, pour être nommé par eux *sous-chef*, malgré sa jeunesse, et témoigner sa reconnaissance à ses bienfaiteurs.

Telle fut, dans ce désastre, la pieuse simplicité de ces bons pères, qu'au milieu de ce tumulte on en vit quelques-uns, dans une des cours du couvent, montés sur des bancs et prêchant l'amour de Dieu et du prochain au peuple qui s'était rassemblé; ils ne cessèrent leur sermon que lorsque les cris de joie, poussés par les brigands à l'ouverture du coffre-fort, leur eurent enlevé tout leur auditoire et les eurent laissés seuls au milieu de la cour.

Midi était l'heure destinée au pillage de la chapelle de l'infirmerie. Les brigands s'y portèrent; et, mêlant la dérision au sacrilége, ils revêtirent un d'entre eux de l'étole et du rochet, lui mirent dans les mains le ciboire, et, marchant processionnellement à sa suite, tenant des cierges allumés, ils sortent, et s'avancent vers l'église des Récollets (1). Ils obligent tous les passans à s'agenouiller, craignant, disaient-ils, d'être accusés d'irréligion. Des coureurs envoyés en avant ordonnent aux Ré-

(1) Située au haut de la rue du Faubourg-Saint-Martin, où est aujourd'hui l'hospice des hommes incurables.

collets de venir à la rencontre des bandits jusqu'à l'entrée de la rue Saint-Laurent. Là ils remirent le ciboire à l'un des prêtres récollets, et en exigèrent impérieusement la bénédiction, disant qu'ils étaient pressés de retourner à leur *ouvrage*, qui consistait à réduire en cendres les débris de tous les meubles accumulés dans les cours de Saint-Lazare.

A trois heures, on tint conseil. Il fut décidé qu'il fallait conduire les blés à la halle. Il en fut chargé dix-sept voitures de huit sacs chacune, tant en blé qu'en seigle. Leur marche fut un triomphe hideux, assorti à leur lâche et affreuse victoire. Sur ces voitures chargées de grains ils avaient guindé des squelettes anatomiques, à côté desquels ils avaient forcé de s'asseoir les malheureux prêtres de Saint-Lazare, qu'ils contraignaient à vider avec eux des brocs de vin, au milieu des cris d'une populace qui, voyant arriver des grains, applaudissait à leurs conducteurs. Ainsi ces monstres, bientôt punis, les uns dans l'instant et par eux-mêmes, les autres quelques jours après et par la justice, furent reçus comme des bienfaiteurs publics, On saisit, pour voiturer ces blés, tous les chevaux des passans; on détela ceux des carrosses bourgeois, des fiacres, des charrettes; et un air de fête, moitié burlesque, moitié féroce, se mêlait à ces odieuses violences.

Cependant la punition approchait, et la plupart la portaient déjà dans leur sein : ils s'étaient empoisonnés par des liqueurs qu'ils avaient stupidement bues dans la pharmacie de Saint-Lazare. Aux autres l'excès du vin tint lieu de poison; et plusieurs, en tombant et restant couchés à terre, furent dépouillés d'abord, et enfin assassinés par leurs camarades. Un grand nombre était demeuré à Saint-Lazare, où, après avoir forcé les caves, ils s'étaient endormis ivres morts, tandis que d'autres furieux, ayant brisé une multitude de tonneaux, occasionèrent un déluge où furent engloutis plusieurs même de ceux qui l'avaient causé, ainsi que nombre de femmes et d'enfans qu'on y trouva noyés peu de temps après.

A ce tableau d'horreurs, à cette dégradation de la nature humaine, opposons un acte de courage, un trait d'intrépidité, qui la rehausse dans ce lieu même où elle se montre si horriblement avilie. Tandis que ces scélérats déployaient leurs fureurs contre eux-mêmes, et jonchaient de leurs cadavres la maison de Saint-Lazare et les rues adjacentes, un de leurs chefs se rappelle qu'ils avaient oublié le pillage de l'église, échappée comme par miracle à leur sacrilége frénésie : il les invite à ce nouveau crime, qu'il appelle l'ordre du jour. Il courent aux portes, qu'ils trouvent fermées et qu'ils enfoncent; ils entrent. Que voient-ils ? un homme seul, un prêtre (1). Où allez-vous,

(1) M. Pioret.

impies? leur dit-il d'une voix ferme et imposante. — Le trésor, le trésor de l'église ! s'écrie la horde furieuse et menaçante. Lui, tranquille et calme, il les regarde ; et, ce qui étonne, il s'en fait écouter. Il leur représente l'horreur de ce forfait, les intimide, parvient à toucher ceux qui l'entendent. Mais la foule des brigands s'accroît, les survenans allaient se précipiter sur l'orateur. « Frappez, dit-il en leur » présentant un couteau, frappez ; et, puisque » vous voulez vous souiller d'un forfait impie, » percez-moi le cœur avant que de toucher à ce » dépôt sacré. » Croirait-on que ces monstres, interdits et déconcertés, se retirèrent comme saisis de terreur (1) ?

Une dernière délibération décida qu'il fallait détruire la maison de fond en comble ; et pour commencer, il mirent le feu aux écuries. Déjà la flamme, en s'élevant, avait répandu la consternation dans les quartiers voisins. Les pompiers arrivent de toutes parts : mais, assaillis et maltraités par les brigands, ils se retirent consternés. Heureusement trois ou quatre cents gardes-françaises, mieux instruits du péril et de ses conséquences, voulurent bien s'élever au-

(1) Indépendamment de l'intérêt historique de cette relation, elle sert à prouver que les reliques de saint Vincent furent préservées de ce pillage. Postérieurement il fut facile aux Lazaristes de soustraire leur plus précieux trésor aux profanations des impies et des révolutionnaires.

dessus de leur consigne et croire enfin que la police les regardait. Quelques décharges de fusils purgèrent le terrain de ces brigands, et assurèrent le travail des pompiers, qui coupèrent les bâtimens voisins et empêchèrent le progrès des flammes. Un champ de bataille offre un spectacle moins révoltant que l'aspect de l'enceinte et des environs de Saint-Lazare, ruisselant de sang, couverts de mourans, de morts, de lambeaux humains; car ces monstres avaient poussé la fureur jusqu'à s'entre-déchirer. La plume tombe des mains, et on rougit d'être homme.

La plume tombe des mains, on rougit d'être homme, dit l'auteur en finisant; et il n'ajoute pas un mot religieux sur tout cet événement, sur cette effrayante punition du ciel. C'était la mode de cette époque, de ne plus voir le bras d'une juste providence!

Un bien respectable enfant de saint Vincent m'a dit qu'on avait trouvé à Saint-Lazare les cadavres de cent quatre de ces forcenés. Il faut encore ajouter à ce nombre ceux qui, ayant reçu des blessures plus ou moins graves, furent portés dans leurs maisons par leurs parens ou par leurs amis; ceux qui, emportant la mort dans leur sein, périrent chez eux ou dans les hôpitaux. Mais, d'après les renseignemens que j'ai pris, je pense que le nombre des morts fut beaucoup plus considérable; et les Tableaux historiques de la révolution semblent confirmer

mon opinion, en finissant ce récit par ces paroles : « qu'*un champ de bataille offre un spec-*
» tacle moins révoltant que l'aspect de l'enceinte
» et des environs de Saint-Lazare, ruisselant de
» sang, couverts de mourans, de morts, de lam-
» beaux humains; car ces monstres avaient poussé
» la fureur jusqu'à s'entre-déchirer (1). »

(1) Voici un autre fait arrivé peu de temps après. Je m'abstiens de toute réflexion; je le donne tel que je l'ai pris dans l'ouvrage intitulé *Paris et Versailles*, tom. 2, pag. 328, édit. Paris-Lyon, 1809.

Lorsque le monstrueux décret, qui ordonnait la destruction de tous les signes extérieurs de la religion, fut publié, un jeune maçon, dans le petit village de Saint-Germain-de-J.....-en-Bugey, se montra le plus ardent à exécuter cette exécrable loi. Il se rendit tout de suite à l'église paroissiale avec les instrumens de son métier, et se hâta de démolir les autels, de briser les ornemens, et tout ce qui avait quelque rapport au culte sacré, dans lequel il avait été élevé. Parvenu dans une chapelle latérale, il y trouva une vieille femme du village à genoux, et priant Dieu avec la plus fervente piété : « Ah! malheureux, lui dit-elle, oublies-tu que c'est ici le temple du Seigneur, et que Dieu te voit? — Oh! que non, répondit-il; il n'y prend pas garde. Il n'y a que ces deux petits bambins (en montrant un tableau sur lequel étaient représentés deux anges) qui me regardent; mais je vais bien les empêcher de me voir. » En même temps, il décroche avec force le tableau, prend son ciseau, et perce les yeux des deux anges. Quatre ans après, cet homme s'est marié; son premier enfant est venu au monde annonçant une imbécilité absolue, entièrement aveugle, et n'ayant que des paupières extrêmement mobiles, qui, en s'élevant, faisaient voir un creux profond à la place du globe de l'œil. Son second

Témoins ou victimes de l'anarchie et de la terreur, je ne rouvrirai point des plaies qui saignent encore; je dirai seulement que là où il y eut un peu plus de tolérance philosophique, les filles de la Charité, privées de l'habit de leur institut, restèrent dans les hôpitaux, retenues par l'amour des pauvres et les devoirs de leur vocation. Celles qui furent chassées rentrèrent dans leurs familles, et se vouèrent en particulier au service des pauvres et à l'éducation des jeunes filles. Les Lazaristes périrent dans les prisons, ou dans la déportation, ou sur l'échafaud; ceux qui survécurent, *secouant*

---

enfant, né dix-huit ou vingt mois après, est venu affligé de la même conformation au moral et au physique. La malheureuse mère, devenue enceinte pour la troisième fois, était dans la plus grande désolation; cependant elle a mis au monde un enfant bien constitué, et paraissant jouir parfaitement de tous ses sens.

Cet événement, tout extraordinaire qu'il est, n'est pas peut-être si étonnant que l'insouciance générale ou la fausse politique, qui n'a pas permis jusqu'à présent de constater authentiquement un fait connu dans tout le pays, dont les preuves vivantes existent probablement encore, et existaient sûrement il y a trois ans; fait qui doit confondre l'incrédulité, si on le regarde comme un monument de la justice divine, ou être soumis au plus sévère examen, si, le considérant philosophiquement, on veut l'attribuer à des causes purement physiques, que l'orgueil humain invoque trop souvent à l'appui de son igorance, et qu'il ne peut ni expliquer ni définir d'une manière satisfaisante pour la saine raison.

la poussière de leurs pieds, allèrent porter à d'autres peuples les lumières et les bienfaits de la foi.

Les reliques de saint Vincent furent préservées, grâce au zèle et au dévouement d'un prêtre de la Mission et d'un de ses amis qui avait quelque emploi sous la république. D'ailleurs, les révolutionnaires n'en voulaient pas aux ossemens d'un pauvre prêtre qui, ayant tout donné pendant sa vie, n'avait emporté avec lui qu'un suaire. Les sceptres et les couronnes de Saint-Denis ont produit l'horrible profanation, bien plutôt que la haine de la royauté. Feu M. Clairet, notaire de Saint-Lazare, à qui on avait confié ces vénérables restes, les conserva respectueusement pendant la longue crise révolutionnaire.

Mais Bonaparte, consul, avait trop d'adresse, de génie et de politique pourpriver plus longtemps le monde, la France et les malheureux, des institutions de saint Vincent.

Les hôpitaux du royaume, fondés et servis par des saints, furent confiés par la république à des mercenaires, sous le nom de directeurs, régisseurs, entrepreneurs, infirmiers, et à des citoyennes. Les moins clairvoyans avaient jugé, dès le principe, l'immense intervalle qui sépare l'égoïsme avide et salarié d'avec la charité qui se dévoue et se sacrifie. Je n'entrerai point dans les détails pour ne pas blesser la charité, pour ménager l'amour-propre de ces anciens fonctionnaires ou de leurs familles; mais j'en appelle à ceux qui ont vu ces administrations, et je laisse, avec confiance, à la sagacité de ceux qui, par leur âge, n'ont pas pu voir; à prononcer quel devait être ce régime.

Cet état de choses ne pouvait pas se soutenir auprès de cet homme extraordinaire, qui, dans son propre intérêt, voulait rétablir la société sur ses uniques bases. Voici un monument élevé à la gloire de saint Vincent, un juste tribut payé à ses enfans : le texte glorieux de l'arrêté du ministre de l'intérieur, en date du 22 décembre 1800, concernant le rétablissement des filles de la Charité.

« Considérant que, parmi tous les hospices » de la république, ceux-là sont administrés » avec plus de *soin*, d'*intelligence* et d'*économie*, » qui ont appelé dans leur sein les anciens élè- » ves de cette institution dont le seul but était » de former à la pratique de tous les actes d'une » charité sans bornes ;

» Considérant qu'il n'existe plus de cette *pré-* » *cieuse* association que quelques individus qui » vieillissent et nous font craindre l'anéantisse- » ment prochain d'une institution dont s'ho- » nore l'humanité ;

« Considérant enfin, que les soins et les » vertus nécessaires au service des pauvres » doivent être inspirés par l'exemple et ensei- » gnés par les leçons d'une pratique journa- » lière ;

» A autorisé la *citoyenne Dulau* (ceci a bien besoin d'une explication pour l'avenir; c'est-à dire madame la supérieure-générale des filles de la Charité) « à former des élèves » pour le service des hospices, a mis à sa dis» position la maison hospitalière des Orphe» lines, rue du Vieux-Colombier, n° 15. Attri» bue aux frais de cet établissement la somme » de douze mille francs. » Quel éloge flatteur de la part de cette même république, qui n'avait fait jusque là que renverser et détruire!

A peine cet arrêté fut-il connu que toutes les filles de la Charité, indignement dispersées par la tourmente révolutionnaire, accoururent de toutes parts au secours des pauvres, oubliant les mauvais traitemens; elles se confièrent pour l'avenir au Dieu de saint Louis et de saint Vincent de Paul. Je n'ai pas besoin de dire que les cœurs de toutes les personnes sensibles et pieuses, des malades et des pauvres, s'ouvrirent à la joie et à l'espérance, lors de ce pieux rétablissement. Les enfans, deux fois orphelins, retrouvèrent leurs mères; les vieillards revirent, avec des yeux baignés de larmes, ces célestes filles: « Nos bonnes sœurs, disaient» ils, c'est vous enfin qui, accompagnées de la » religion, fermerez doucement nos yeux pour » la dernière fois. Nous oublions aujourd'hui » huit ans d'absence et de privations, puisque » nous avons le bonheur de vous posséder de » nouveau. »

Bonaparte, s'étant fait empereur, voulut diviser pour régner; il persécuta quelques Lazaristes; il tâcha de jeter le trouble et la division parmi les filles de la Charité, mais elles voulurent rester toujours les filles de saint Vincent de Paul.

Saint-Lazare a été converti en une prison pour les femmes. L'église, où reposaient les reliques de saint Vincent de Paul, tombant de vétusté, a été démolie.

Louis XVIII, en rentrant dans ses états, en remontant sur le trône de ses pères, avec cette justesse d'esprit qui le caractérisait, salua les Lazaristes, en 1816, en les nommant *les prêtres des Bourbons*.

La communauté des filles de la Charité est aujourd'hui rue du Bac, n° 130 et 132. Elle a été dépositaire des reliques précieuses de leur saint fondateur, depuis 1800 jusqu'à ce jour, qu'un mandement de monseigneur l'archevêque de Paris vient d'en ordonner la translation au chef-lieu de la congrégation de la Mission, au nouveau Saint-Lazare, situé rue de Sèvres, n° 95, relevé par le zèle pieux des enfans de saint Vincent, et par une coopération charitable et auguste.

Le 6 avril, mardi saint, on a procédé, à l'archevêché de Paris, à l'ouverture de la modeste châsse du saint prêtre; il y avait des députations de Lazaristes et de filles de la Charité, avides de voir les restes de leur illustre fondateur. Monseigneur l'archevêque a eu l'extrême obligeance d'y admettre plusieurs personnes notables de la capitale, qui ont été dédommagées de la perte de M. Clairet, conservateur du saint tombeau, en voyant sa respectable veuve.

Après un rapport fait par M. Matthieu, chanoine de la métropole de Paris, et la lecture des procès-verbaux par M. Tresvaux, chanoine secrétaire, monseigneur l'archevêque, ayant pris l'avis de son chapitre, a canoniquement constaté l'authenticité du corps de saint Vincent. On a ouvert ensuite la châsse en bois où il était renfermé depuis la révolution. C'est le prélat lui-même qui, en présence de toute l'assemblée, a rompu les sceaux de l'archevêché et de Saint-Lazare. La vue des saintes et précieuses reliques imposa à tous les pieux assistans un respectueux silence; mais bientôt il fut interrompu par le murmure d'une universelle allégresse; on se pressa, on se confondit pour voir de plus près les restes vénérables du grand homme, du grand saint, si cher à la religion, à l'humanité et à la France. On baisa avec respect ces saints ossemens; les plus éloignés priaient avec ferveur.

J'ai dit plus haut que M. de Vintimille, archevêque de Paris, avait placé dans une châsse en 1729, le corps de saint Vincent à l'époque de sa canonisation. On a trouvé, à l'ouverture du 6 avril, un acte sur parchemin, concernant cette ancienne cérémonie, et qui confirme encore l'authenticité de la relique. Indépendamment des Lazaristes, des filles de la Charité et des personnes notables qui, comme nous l'avons déjà dit, assistaient à cette réunion solennelle, on y distinguait des pairs de France, MM. les préfets de la Seine et de police, M. le supérieur général de Saint-Lazare, le chapitre et plusieurs magistrats.

J'aurais bien d'autres choses à dire sur les vertus, les lumières, la charité, le dévouement des fils et filles de l'humble Vincent; mais m'appartient-il de soulever le voile dont ce grand serviteur de Dieu a voulu toujours couvrir ses bonnes œuvres et celles de sa nombreuse famille? Leurs actions ont Dieu pour objet; elles ne sont connues que de Dieu; c'est de Dieu seul qu'elles attendent leur récompense. Je garderai donc un silence qui sera entendu par toutes les personnes pieuses, que les impies même entendront... Je dirai seulement que depuis plusieurs années la congrégation de la Mission, si utile à l'Eglise et à l'état, que ces pieux et modestes enfans de saint Vincent de Paul ont repris leurs travaux; qu'ils dirigent en *France* plusieurs séminaires; qu'ils en forment de nouveaux; qu'ils se livrent aux Missions au dedans et au dehors du royaume, entre autres à Constantinople et dans la Chine; qu'ils envoient de jeunes prêtres français dans ces vastes empires, et que de jeunes Turcs et Chinois viennent apprendre à l'école de saint Vincent de Paul l'apostolat du christianisme et de la charité; encore quelques jours, et ils l'apprendront à son glorieux tombeau.

La translation solennelle des reliques de saint Vincent de Paul doit avoir lieu le 25 avril 1830, deuxième dimanche après Pâques.

Espérons que les reliques de cet humble serviteur de Dieu, de ce grand saint, de ce héros de la charité chrétienne, portées en triomphe dans la grande cité, feront revivre notre concorde comme Français, et, comme chrétiens, notre foi, notre espérance et notre charité envers Dieu et nos frères.

Nous croyons faire plaisir à nos lecteurs de reproduire en grande partie le mandement de l'illustre et pieux prélat, auquel les enfans de l'apôtre de la charité, les fidèles et la ville de Paris doivent cette solennité.

En voici un extrait, qui ordonne, à cette occasion, une neuvaine de prières et de supplications générales dans son diocèse.

HYACINTHE-LOUIS DE QUELEN, par la miséricorde divine, et la grâce du saint-siége apostolique, Archevêque de Paris, Pair de France, etc.

Au Clergé et aux Fidèles de notre Diocèse, Salut et Bénédiction en NOTRE-SEIGNEUR JÉSUS-CHRIST.

Parmi *les hommes de miséricorde que leurs*

œuvres ont rendus à jamais célèbres (1), il en est un, NOS TRÈS-CHERS FRÈRES, dont le souvenir rappelle à la fois tous les bienfaits de la céleste charité descendue sur la terre, et dont le nom seul est capable de renouveler dans toutes les âmes cet amour du prochain tendre et actif, qui, selon la parole du Sauveur lui-même, doit être *la marque* la plus authentique et la plus glorieuse *des disciples de Jésus-Christ*, comme elle sera, dans tous les âges, la preuve la plus solide et la plus touchante de la divinité de sa religion.

Vous nous prévenez, N. T. C. F., et votre pensée s'est déjà portée sur ce Ministre fidèle, suscité de Dieu dans notre patrie pour la gloire du sacerdoce et pour le soulagement des pauvres. Déjà vous l'avez reconnu, ce saint Prêtre, qui nous appartient à tant de titres; et par sa naissance, qu'il a reçue dans une de nos contrées, et par ses études, qu'il a faites dans nos universités, et par les emplois qu'il a remplis dans nos campagnes et dans nos villes, et par les établissemens dont il a couvert la France, et par la carrière laborieuse qu'il a fournie au milieu de nous, et par la mort précieuse qui a terminé sa longue vie dans cette immense capitale, où l'on rencontre à chaque pas des traces de son zèle et de sa charité.

(1) Eccli. XXIV, 10.

Quel est en effet le lieu où sa mémoire ne soit en bénédiction? quel est le hameau où sa bienfaisance chrétienne n'ait pénétré? quel est l'asile de l'infortune qui ne retentisse de ses louanges? quel est le malheureux qui ne lui doive encore chaque jour son repos ou ses espérances? L'enfance délaissée, la jeunesse en péril, le vieillard sans appui, le malade sans secours, le captif sans consolation, l'artisan épuisé de travaux, le soldat fatigué de victoires, la noblesse dans son honorable pauvreté, l'innocence dans la détresse, le crime lui-même dans son repentir ou ses remords, rien n'a pu échapper à ses regards perçans, non plus qu'à sa générosité miraculeuse; jusque là, que, dans l'Eglise de Dieu, on ne peut plus annoncer aux fidèles l'Evangile de paix, sans rappeler à chaque instant le nom de Vincent de Paul, comme, dans le monde, on ne peut parler des exploits militaires, sans associer le nom du héros que l'on veut célébrer, à celui de ce conquérant fameux devant lequel l'univers se tut d'effroi, dit l'Ecriture : *Siluit terra in conspectu ejus.* (1)

Ce n'est pas trop dire, N. T. C. F.; et cette comparaison ne nous semble pas exagérée: car ce n'est pas seulement la France entière qui demeure saisie d'étonnement à la vue des merveilles sans nombre opérées dans son sein

(1) 1 Machab., 1, 3.

par ce nouveau *missionnaire* de la charité; ce sont à la fois des royaumes étrangers, des peuples lointains, des nations sauvages et barbares qui se taisent d'admiration devant les paisibles conquêtes du bon prêtre, autrefois simple berger, devenu pendant sa vie par son infatigable miséricorde, et après sa mort par ses exemples, par ses disciples, par ses institutions, le bienfaiteur, le père et comme la providence du genre humain : *siluit terra* (1).

Ce n'est pas assez; il a réduit au silence les ennemis les plus implacables et les plus ardens persécuteurs; l'impiété s'est abaissée au pied de ses images; un siècle impitoyable et cruel lui a pardonné sa vertu; l'orgueilleuse rivale de la religion, une philosophie aussi dédaigneuse qu'elle est stérile en bonnes œuvres, déconcertée en sa présence, désespérée de ne pouvoir ni se passer de ses ouvrages, ni s'en approprier la gloire, tomba prosternée devant un prêtre auquel elle se vit forcée d'ériger une statue. Qui sait si, dans son délire, elle n'aurait pas eu la pensée de lui décerner les honneurs de son Panthéon? Dieu ne l'a pas permis, N. T. C. F. Tandis que les restes impurs des plus coupables corrupteurs de la société, que les honteux cadavres d'hommes de sang étaient insolemment portés en triomphe et placés dans le temple du Très-Haut; tandis

(1) 1 Machab., 1, 3.

que les ossemens des pontifes et des rois, tirés de leurs sépulcres, devenaient le jouet de brutales fureurs (1) ; tandis que, pour éprouver notre foi, le Seigneur souffrait que les reliques de ses saints fussent dispersées, détruites ou livrées à la dérision des impies, il défendait de toute atteinte le corps de VINCENT DE PAUL; et sa divine bonté réservait à notre épiscopat la consolation de le replacer avec pompe sur les autels, dans une église nouvellement bâtie sous son invocation.

Ce corps vénérable, vous le savez, N. T. C. F., était autrefois religieusement conservé dans l'église de cette vaste maison de Saint-Lazare, que l'on pouvait appeler à juste titre la maison des prêtres et des pauvres; parce que les uns venaient perpétuellement s'y renouveler dans l'esprit de leur vocation, et que les autres n'en réclamaient jamais en vain du secours dans leurs nombreuses nécessités. Il n'est pas un ancien du sanctuaire, pas un vieillard indigent qui n'ait prié devant cette châsse riche, mais modeste, où semblait dormir d'un sommeil tranquille, au milieu de tant d'heureux qu'il avait faits, le véritable ami de Dieu et des hommes. Une philantropie ingrate et spoliatrice troubla ce repos; elle envia quelques parcelles de ce métal qu'il avait versé à pleines mains, et dont la piété filiale avait embelli la

(1) Jerem., VIII, 1.

dernière couche d'un père si vertueux et si charitable : mais l'or le plus pur valait-il pour ses enfans la moindre portion de ses restes précieux ? Laissant à la cupidité ce qu'elle recherchait avec une insatiable ardeur, chassés de leur asile et dépouillés de leurs biens, les prêtres de la congrégation de la Mission crurent n'avoir rien perdu, lorsqu'ils eurent sauvé de la dévastation et du pillage ce qu'ils regardaient comme leur plus cher trésor. Heureux de l'avoir soustrait aux regards profanes, ils l'enfermèrent avec précaution, et ils en confièrent la garde à ces Filles de saint VINCENT DE PAUL, dont le nom seul est son plus beau panégyrique.

Humblement vénéré dans le silence de la retraite, dans ce séminaire où la charité permanente de VINCENT multiplie encore chaque jour les institutrices fidèles de l'enfance abandonnée, et les héroïques servantes des pauvres malades; ce sacré dépôt attendait que la *munificence royale* et la reconnaissance publique, de concert avec la religion, lui préparassent un nouveau sanctuaire, et lui décernassent de solennels hommages. *Déjà, par l'inépuisable charité de nos rois* (1), une chapelle en l'honneur et sous l'invocation du saint Prêtre a été construite non loin et en regard d'un de ces hospices où la religion a confié aux plus ten-

(1) LL. MM. Louis XVIII et Charles X.

dres soins les malades que les secours humains désespèrent de guérir : là, N. T. C. F., se réunissent chaque jour, dans un esprit de recueillement et de prière, les généreux enfans de Vincent de Paul; là, sous les yeux de ses pieux successeurs, une famille nombreuse de lévites viennent encore, comme autrefois, au pied des saints autels puiser dans la ferveur de l'oraison les lumières de la science, la fermeté du zèle, l'onction de la charité, l'abnégation du désintéressement, la force et la douceur de toutes les vertus qui donnent au ministère évangélique une si puissante autorité, et dont ils ont le bonheur de pouvoir contempler de si près un des plus parfaits modèles; là encore, les fidèles viennent apprendre d'un seul coup d'œil tout ce qu'ils doivent de respect au culte divin, et les malheureux tout ce qu'ils peuvent espérer de prêtres aussi fervens; là aussi, N. T. C. F., sous les yeux du clergé et du peuple chrétien, nous avons le projet de reporter en triomphe, accompagnées de mille et mille bénédictions, les dépouilles mortelles *de l'homme de Dieu, qui, passant sur la terre en faisant du bien, a rassasié tant de pauvres dans Sion et instruit tant de prêtres à se revêtir de la justice* (1).

Nous voudrions qu'il nous eût été possible de convoquer à une semblable solennité les

(1) Ps. CXXXI, 15.

campagnes, les villes, les provinces, tous ceux enfin qui ont ressenti et qui ressentent encore les effets d'une miséricorde et d'une foi toujours vivante dans les œuvres innombrables dont VINCENT DE PAUL est tout ensemble le patron et le mobile. Mais s'il ne nous est pas permis de porter jusque là nos espérances, nous inviterons du moins ceux qui partagent notre admiration pour le saint prêtre, et ceux mêmes qui participent aux bienfaits de son inépuisable charité; nous les inviterons tous à s'associer au dessein que nous avons formé d'ériger en son honneur un monument d'une commune reconnaissance, et de concourir par une offrande, quelque faible qu'elle soit, aux dépenses que doit nécessairement occasioner la translation de ces vénérables reliques, que nous nous proposons de faire immédiatement après les solennités pascales.

Ce monument ne sera pas, il est vrai, semblable à ceux que la magnificence des peuples élèvent quelquefois, dans leur enthousiasme, aux grands hommes du siècle; mais il est du genre de ceux que la piété des fidèles, dans les beaux jours de la religion, avait coutume de consacrer à ces héros chrétiens, dont les corps furent sur la terre les temples vivans du Saint-Esprit, et qui doivent, au dernier jour, ressusciter triomphans, immortels et glorieux. Déjà les arts nous ont apporté le tribut généreux de leur industrie : il y a quelques années qu'une châsse nouvelle, plus riche encore de son travail que de sa matière, fut façonnée par des mains habiles, sous la direction d'un de ces hommes dont l'honorable profession, célébrée plus d'une fois dans les divines Ecritures, fut illustrée par un des plus saints évêques de France. Cet élégant et magnifique ouvrage, exposé dans la capitale aux regards publics, n'a fait que justifier une réputation d'ailleurs bien établie; et la pensée de saint Eloi, se faisant gloire d'orner le tombeau de l'apôtre des Gaules, semble avoir inspiré le désir de remettre en honneur le tombeau de celui que nous pouvons appeler l'apôtre de la charité chrétienne.

Il n'en fallait pas davantage, N. T. C. F., il n'en fallait pas tant pour provoquer la libéralité d'un monarque ami des beaux-arts comme il l'est de la religion; le roi, en nous faisant remettre une somme considérable, a bien voulu permettre que son nom fût inscrit en tête de la liste que nous ouvrons aujourd'hui, afin de nous aider à compléter le paiement d'un ouvrage dont le prix, quelque élevé qu'il soit, n'égalera pas cependant le mérite et la valeur. Les princes et princesses de la famille royale se sont empressés d'ajouter leurs dons à celui du roi; nous nous sommes fait un devoir d'y joindre le nôtre; et nous attendions que l'époque fût venue où il nous serait possible d'ordonner une translation solennelle, pour faire un appel momentané à la piété du clergé et des fidèles de notre diocèse, et à leur dévotion envers un saint auquel la religion et l'humanité sont si redevables. Plus les offrandes que nous demandons à chacun selon ses moyens seront partagées entre tous, moins le sacrifice pour chacun sera sensible, et plus universellement aussi la foi sera manifestée.

Mais, ce que nous réclamons surtout de vous, N. T. C. F., c'est qu'à l'occasion de la cérémonie qui se prépare, et de la neuvaine de supplications et de prières qui doit la suivre, pour laquelle le souverain pontife a daigné ouvrir les trésors de l'église, vous ranimiez votre zèle pour les bonnes œuvres; c'est que votre amour pour les pauvres s'étende de plus en plus; que vous preniez la résolution de vous appliquer avec ardeur, avec générosité, avec persévérance à la pratique de la miséricorde; c'est que le culte des reliques de saint VINCENT DE PAUL, renouvelé en quelque sorte dans cette grande ville, devienne comme un ressort puissant qui dilate tous les cœurs, qui les tienne sans cesse attentifs aux besoins des malheureux, et les enflamme d'une sainte jalousie pour cet excellent don de la charité, sans lequel toutes les autres vertus seraient insuffisantes pour le salut; *æmulamini charismata meliora* (1).

(1) Cor. XII, 31.

A CES CAUSES, après en avoir conféré avec nos vénérables frères les chanoines et chapitre de notre métropole, nous avons ordonné et ordonnons ce qui suit :

1° Le 25 avril, dimanche du Bon-Pasteur, deuxième après Pâques, nous ferons la translation solennelle du corps de saint VINCENT DE PAUL, instituteur et fondateur des prêtres de la mission et des filles de la Charité. Cette translation se fera de notre église métropolitaine à la chapelle de MM. les prêtres de la congrégation de la Mission, dits *Lazaristes*, rue de Sèvres.

Le cérémonial de cette translation sera réglé, pour l'extérieur, de concert avec l'autorité séculière, et publié le dimanche de Pâques.

2° Ce même jour, 25 avril, une neuvaine générale de prières et de supplications solennelles commencera dans la ville et les faubourgs de Paris, en l'honneur de saint VINCENT DE PAUL, et pour obtenir par son intercession les faveurs de Dieu sur le roi, sur la famille royale, sur le diocèse, sur la ville de Paris, et enfin sur toutes les personnes qui se dévouent aux œuvres de la charité.

Chacun des jours de la neuvaine, le clergé des paroisses et des congrégations ecclésiastiques viendra successivement à la chapelle de MM. les prêtres de la Mission, rue de Sèvres, pour faire les prières et les supplications; dans l'ordre, aux jours et heures qui seront indiqués par le cérémonial.

MM. les curés exhorteront leurs paroissiens à les accompagner dans cette dévotion, et à faire, en leur particulier, des prières, aumônes et autres bonnes œuvres à la même intention.

Pendant la neuvaine, les mêmes prières et supplications seront faites chaque jour après la messe, dans les chapelles des séminaires, communautés religieuses, hôpitaux, collèges, etc.

Nous invitons le clergé et les fidèles de la campagne à joindre leur prières aux nôtres, pour obtenir les mêmes grâces par l'intercession de saint VINCENT DE PAUL.

3° Il sera fait, dans tout le diocèse, par MM. les curés, soit dans les églises, soit à domicile, soit au moyen d'une souscription, ou de la manière qui leur paraîtra la plus convenable, une ou plusieurs quêtes extraordinaires, dont le produit est destiné à payer le prix de la châsse d'argent dans laquelle doit être renfermé le corps de SAINT VINCENT DE PAUL. Cette châsse sera offerte à la congrégation de la mission comme un hommage du diocèse et un gage de sa dévotion envers saint VINCENT DE PAUL (1).

(1) NOTA. Cette châsse, sortie des ateliers de M. Odiot fils, a été remarquée à la dernière exposition des pro-

Toutes les offrandes seront versées au secrétariat de l'archevêché, où il sera aussi ouvert une liste de souscription.

L'excédant de ces quêtes ou souscriptions, qui pourrait rester après le paiement de la châsse et l'acquittement des frais de la translation, sera remis aux sœurs de la Charité, pour être employé au soulagement des pauvres honteux du diocèse.

Un compte de l'emploi des sommes reçues à cette occasion sera rendu devant une commission ecclésiastique composée de nos grands-vicaires-archidiacres, de deux chanoines, deux curés de Paris, et de M. le supérieur général

duits de l'industrie française; elle est exécutée en argent, dans la proportion de sept pieds, sur deux et demi de profondeur; elle a la forme d'un carré long, terminé en cintre par le haut, enrichi de rinceaux d'ornemens; elle est couronnée par un groupe composé d'une statue principale, de trois pieds et demi, représentant saint Vincent de Paul dans la gloire, et de quatre figures de deux pieds et demi, représentant des anges portant les emblèmes de la religion, de la foi, de l'espérance et de la charité.

Des deux côtés sont posées, sur deux socles, deux figures d'orphelins, dont le regard est tourné vers l'intérieur de la châsse, et qui semblent invoquer leur bienfaiteur.

L'intérieur de la châsse est garni d'une tenture de velours violet, orné de broderies en or, et de coussins aussi de velours violet, avec garniture et glands d'or, sur lesquels repose le corps du saint, revêtu, comme pendant sa vie, de la soutane, du surplis et de l'étole.

des Lazaristes. M. le préfet du département et M. le préfet de police seront invités à assister à la reddition des comptes.

Donné à Paris, en notre palais archiépiscopal, sous notre seing, le sceau de nos armes, et le contre-seing du secrétaire de notre archevêché, le 10 mars 1830.

† HYACINTHE, *archevêque de Paris.*

Par mandement de Monseigneur,

TRESVAUX, *chanoine, secrétaire.*

Deuxième mandement (en date du 6 avril 1830) qui règle le cérémonial relatif à la translation solennelle du corps de SAINT VINCENT DE PAUL *et à la Neuvaine de prières ordonnées à cette occasion.*

Ainsi que nous vous l'avons annoncé, NOS TRÈS-CHERS FRÈRES, nous nous proposons de transférer, après la quinzaine de Pâques, de l'église métropolitaine à la chapelle de Messieurs les Lazaristes, avec toute la pompe que l'église catholique a coutume de déployer dans ces sortes de solennités, le corps de saint VINCENT DE PAUL, dont nous avons canoniquement constaté l'authenticité. Les enseignemens de la foi sur l'honneur dû aux reliques des saints, honneur plus d'une fois justifié par d'éclatans miracles; l'histoire de la religion, qui nous montre de siècle en siècle les pasteurs et les fidèles recueillant avec un tendre empressement et une vénération profonde les précieux restes des Martyrs et des amis de Dieu, pour en faire l'objet de leurs hommages et de leur confiance, nous autorisaient sans doute assez à renouveler, au milieu de cette grande capitale, une pratique de dévotion aussi salutaire qu'elle est respectable et solide. Mais le culte de l'*homme de miséricorde, dont les œuvres, les institutions et les bienfaits ont acquis parmi nous une durée permanente* (1), ce culte, devenu si général, et pour ainsi dire si populaire, semblait exiger de nous l'indiction universelle que nous avons regardé comme un devoir d'ordonner dans une circonstance si remarquable.

Venez-y donc tous, N. T. C. F., à quelque classe que vous apparteniez, quel que soit le rang que vous occupiez dans la société chrétienne; venez assister au triomphe de ce moderne apôtre de la charité; venez vous renouveler à son école dans la pratique du double précepte de l'amour de Dieu et du prochain, *en quoi consiste la plénitude de la loi*, et qui en est l'accomplissement; venez apprendre quelle

(1) Eccli. XLIV, 10.

est la gloire que Dieu réserve à ses saints, et dont il les couronne dans son royaume éternel, puisqu'il veut qu'avant le grand jour de la révélation, leurs ossemens arides, leur froide poussière, et jusqu'à la moindre portion de leur mortalité reçoivent ici-bas des hommages qu'on ne rend pas même aux plus puissans monarques. Il veut que l'encens fume devant leurs dépouilles devenues sacrées; qu'elles soient portées par les mains des prêtres du très haut; qu'elles soient placées sur ses propres autels, comme les arches vivantes de son alliance, à côté du tabernacle où la divinité daigne habiter au milieu de nous; et que les hérauts de son évangile, proclamant leurs vertus dans l'assemblée des fidèles, répètent avec transport cet éloge dicté par l'esprit saint: *Ainsi sera honoré celui qu'il plaira au roi immortel des siècles d'honorer* (1).

Et dans quel temps, N. T. C. F., vous appelons-nous autour de ces vénérables reliques dont nous allons faire la translation solennelle? Dans un moment où le pavillon du fils de saint Louis, flottant sur la Méditerranée, doit porter aux rivages d'Afrique, avec la gloire du nom français, les adoucissemens et les consolations que la religion, aussi bien que l'humanité, réclament depuis long-temps en faveur du nom chrétien. Quels motifs de plus pour

(1) Esther, VI, 9.

réveiller notre foi, notre piété et notre dévotion envers le saint prêtre, qui, captif lui-même sur ces plages barbares, voulut, après sa délivrance, envoyer les premiers missionnaires de sa congrégation sur les lieux où il avait subi les rigueurs de l'esclavage, et où il avait laissé de nombreux compagnons de sa cruelle infortune! Par l'intercession de Vincent de Paul, nos armes seront victorieuses, les intentions magnanimes et paternelles de notre monarque seront bénies, les malheurs de nos frères seront allégés, la mer, infestée par les pirates, sera plus libre et plus tranquille, le commerce maritime deviendra plus sûr et plus prospère; *une réparation éclatante, en satisfaisant à l'honneur de la France, tournera, avec l'aide du tout-puissant, au profit de la chrétienté* (1); et toutes ces grâces seront comme autant de rayons glorieux dont il plaira au roi des rois d'embellir l'auréole de son humble et fidèle serviteur : *Sic honorabitur quemcumque voluerit rex honorare* (2).

A ces Causes, après en avoir conféré avec nos vénérables Frères les Chanoines et Chapitre de notre Métropole, et après nous être entendus pour les cérémonies extérieures avec l'autorité séculière, nous avons ordonné et or-

(1) Discours du roi à l'ouverture de la session des chambres 1830.

(2) Esther, IV, 9.

donnons ce qui suit, tant pour la Translation solennelle que pour la Neuvaine de prières et de supplications générales qui doit avoir lieu à son occasion.

De la translation solennelle du corps de saint Vincent de Paul.

1° La fête de la Translation solennelle du corps de saint VINCENT DE PAUL, qui doit avoir lieu le 25 avril, dimanche du Bon-Pasteur, deuxième après Pâques, sera célébrée, cette année, dans notre Église Métropolitaine, du rit annuel.

L'Office sera en entier celui de saint VINCENT DE PAUL, à commencer des premières Vêpres jusqu'aux secondes Vêpres inclusivement.

2° Le même jour, dans toutes les églises paroissiales et les Chapelles des séminaires, Communautés religieuses, Hôpitaux, Colléges, etc., on dira à la Messe les oraisons de saint VINCENT DE PAUL, tirées du *Missel* (19 juillet).

3° Ce jour, tous les Prêtres diront, aux Messes privées, les mêmes oraisons.

4° Nous autorisons MM. les Curés à transférer, cette année, au troisième dimanche les fêtes patronales qu'ils sont dans l'usage de célébrer, le second dimanche après Pâques, dans leurs Paroisses.

5° Chaque année, à l'avenir, le second dimanche après Pâques, on fera, dans tout le diocèse, mémoire de la Translation des Reliques de saint VINCENT DE PAUL; tant à l'Office qu'à la Messe, les antiennes et les oraisons seront prises, ainsi que les versets, soit au Propre, soit au Commun des Prêtres (l'oraison du Commun *Deus qui in Ecclesiæ tuæ*).

6° La translation solennelle sera faite conformément au Cérémonial annexé à notre présent Mandement.

De la neuvaine de prières et de supplicati générales.

7° Cette neuvaine, pour obtenir, par l'intercession de saint VINCENT DE PAUL, les faveurs de Dieu sur le roi, sur la famille royale, sur le diocèse, sur la ville de Paris, et enfin sur toutes les personnes qui se dévouent aux œuvres de charité, commencera le 25 avril et finira le lundi 3 mai inclusivement.

8° Pendant la neuvaine, il y aura, le premier jour, à l'église métropolitaine, et les autres jours à la chapelle de MM. les lazaristes, rue de Sèvres, grand'messe et vêpres, du rit solennel.

9° Chacun des jours de la semaine, dans toutes les paroisses du diocèce, il sera célébré une messe basse votive de saint VINCENT DE PAUL, à l'heure que MM. les curés jugeront la plus convenable.

10° Le clergé des paroisses de Paris et des congrégations ecclésiastiques, qui doit venir successivement faire une station à la chapelle de MM. les Lazaristes, pendant la neuvaine, suivant l'ordre indiqué au cérémonial, chantera, devant la châsse de saint VINCENT DE PAUL, le répons des premières vêpres de l'office, avec les versets et oraisons du saint; ensuite le psaume *Exaudiat*, avec les versets et oraisons *Pro rege et ejus familiâ, pro civitate et civibus*, et l'oraison *ad postulandam caritatem*.

L'office de la translation et la procession du dimanche, 25 avril, tiendront lieu de station au chapitre, au clergé et aux fidèles de la métropole.

Messieurs les curés exhorteront leurs Paroissiens à les accompagner à cette dévotion, et à faire la neuvaine, ou à y suppléer par quelques prières, aumônes et autres bonnes œuvres, aux intentions marquées ci-dessus.

Pendant la neuvaine, les mêmes prières et supplications seront faites chaque jour, après la messe, dans les chapelles des séminaires, communautés, hôpitaux, colléges, etc.

Le clergé et les fidèles de la campagne sont invités à joindre leurs prières à celles du clergé et des fidèles de la ville, pour obtenir les mêmes grâces.

11° Sera notre présent mandement, ensemble le rescrit des indulgences accordées par le souverain Pontife, à l'occasion de la translation solennelle et de la neuvaine en l'honneur de saint VINCENT DE PAUL, lu, publié et affiché partout où besoin sera.

† HYACINTHE, *archevêque de Paris.*

Par Mandement de monseigneur,

TRESVAUX, *chanoine*, *secrétaire*.

INDULGENCES

Accordées à l'occasion de la translation solennelle et de la Neuvaine en l'honneur de SAINT VINCENT DE PAUL.

DE L'AUDIENCE DE SA SAINTETÉ.

Notre saint Père le pape LÉON XII accorde une indulgence plénière à tous les fidèles de l'un et de l'autre sexe qui, vraiment pénitens, s'étant confessés, et ayant reçu la sainte communion, visiteront dévotement, les 19 juillet et 27 septembre (jours de la fête et de la mort de saint VINCENT DE PAUL), la chapelle publique du séminaire de la congrégation de la Mission *dite* de Saint-Lazare, et qui y prieront avec piété pendant quelque temps, selon les intentions de Sa Sainteté; ladite indulgence plénière pouvant être gagnée pendant l'un des jours ci-dessus désignés, à commencer des premières vêpres jusqu'au coucher du soleil du lendemain. Sa sainteté accorde également la même indulgence plénière à tous les fidèles qui, ayant accompli les mêmes conditions, suivront la procession des saintes reliques de saint VINCENT DE PAUL, au jour de la translation qui doit avoir lieu, et qui y prieront aussi avec piété. De plus, Sa Sainteté accorde une indulgence de trois cents jours à gagner par tous les fidèles, chaque fois qu'ils viendront, avec un cœur contrit, prier dévotement dans la susdite chapelle pendant la neuvaine qui doit y être célébrée à l'occasion de la même translation. Les présentes sont accordées pour l'année seulement, quant à la procession et à la neuvaine; et, quant aux autres jours, elles sont accordées pour durer à perpétuité, sans autre expédition de Bref. Lesdites indulgences pourront être appliquées par manière de suffrages aux fidèles défunts.

Donné à Rome, à la Chancellerie de la sacrée congrégation des indulgences, le 13 juin 1827.

Signé, A. *cardinal* FROSINI, *préfet*.

✠ Lieu du sceau,

Signé, A. *Archevêque de Trébisonde, secrétaire de la sacrée congrégation des indulgences.*

Sa Sainteté le pape Pie VIII a daigné accorder ampliation du rescrit du pape Léon XII, afin que lesdites indulgences puissent être gagnées à l'époque, quelle qu'elle soit, où la translation et la neuvaine auraient lieu.

Vu et publié dans notre diocèse. Paris, le 6 avril 1830.

† HYACINTHE, *archevêque de Paris.*

Par Monseigneur,

Tresvaux, *chanoine, secrétaire.*

NEUVAINE

EN L'HONNEUR

DE S. VINCENT DE PAUL

POUR CÉLÉBRER SAINTEMENT LA TRANSLATION SOLENNELLE DE SES RELIQUES, OU POUR SA FÊTE, OU POUR SA MORT, OU POUR DEMANDER A DIEU, PAR SON INTERCESSION, QUELQUE GRACE PARTICULIÈRE.

PREMIER JOUR.

Vincent s'instruit à l'école de Jésus-Christ.

Venite ad me omnes.... et discite à me, (en saint Mat. 11.)
Venez vous tous à moi, et apprenez de moi.

I. POINT.

Jésus-Christ invite tous les hommes à venir apprendre de lui. Son père l'a envoyé pour enseigner; il a ordonné à tous de l'écouter: sa doctrine est pure; mille prodiges l'ont appuyée. Publiée sans art, sans protection, combattue avec chaleur, persécutée avec opiniâtreté, elle a triomphé de tout. Considérez avec quelle exactitude, avec quelle docilité et avec combien de zèle Vincent de Paul, pendant toute sa vie, allait à Jésus pour l'écouter et pour s'instruire. Jésus était son souverain maître; il le consultait sur tout. Fallait-il agir? il s'arrêtait et voyait comment avait agi Jésus. Fallait-il parler, répondre, faire des règlemens pour sa congrégation, instruire les pauvres ou le clergé? Vincent rapportait tout à son oracle; il en prenait la langue, et ne disait que ce qu'il avait appris de ce maître, qui seul persuade et fait goûter la vérité. Jésus continue à donner des leçons; mais, hélas! son école est presque déserte. Le sifflement du serpent, la voix séduisante du monde, le bruit de nos passions nous étourdissent. Donnez-nous, Seigneur, non-seulement des oreilles attentives, mais aussi des cœurs dociles à vos instructions.

II. POINT.

L'Évangile est la bouche de Jésus; ses maximes sont sa voix; c'est en lisant assidûment ce divin livre, que Vincent écoutait Jésus et apprenait de lui. Ce livre médité dissipait ses ténèbres, démasquait le monde à ses yeux, guidait ses pas, éclairait sa foi, soutenait son espérance, ranimait sa charité. Sans s'arrêter à de vaines spéculations, humble disciple de la vérité qu'il y puisait, il en faisait la règle de sa conduite. Sur elle il formait ses pensées, ses desseins, le mouvement de son cœur; sur elle il formait la congrégation de la Mission et la compagnie des filles de la Charité, ses deux ouvrages favoris ; persuadé que des édifices bâtis sur un si solide fondement, verraient tranquillement les vents souffler, les pluies tomber, les torrens se déborder, et cependant resteraient immobiles. De tels sentimens étaient les fruits du profond respect ; de la foi simple et de la pure intention de devenir meilleur, avec lesquels Vincent lisait l'Evangile. Remontons à la même source ; elle coule pour nous comme pour lui; mais ce que nous y apprendrons, hâtons-nous de le mettre en pratique avec franchise et pureté.

III. POINT.

Les maximes que Jésus enseigne dans l'Evangile, on les trouve dans sa conduite. C'était le second livre de Vincent : il ne perdait jamais de vue ce divin modèle, il l'étudiait de près, un trait après l'autre. Le plus délié n'échappait pas à ses yeux attentifs; l'amour les rendait pénétrans; il le voyait priant, souffrant, conversant avec son père, avec ses disciples, avec les pécheurs, avec ses ennemis; il le suivait partout dans la solitude, dans le public, sur le Thabor, sur le Calvaire; sa foi le lui découvrait partout, dans les pauvres, dans les riches, sur le trône, dans les prisons. Chargé de perpétuer la mission de Jésus, Vincent crut ne pouvoir le faire dignement, si, en recevant, par un aspect continuel, les rayons de ce soleil de justice, il ne rendait au moins une lumière empruntée : ainsi, imitateur fidèle de Jésus, il le retraça dans ses mœurs, et en fut une vive expression, comme Jésus l'est de son père. Nous avons même modèle, le et le même engagement à l'imiter; rapprochons-nous-en par des traits réguliers; prenons le pinceau : ô Jésus! image vivante de tous les élus, conduisez-nous la main.

PRATIQUES.

Toute la terre est dans la désolation, parce que personne ne pense ni ne réfléchit dans son cœur; les hommes vivent dans une extrême dissipation; ils ne s'occupent que de la terre; n'est-ce pas votre situation? Si vous voulez en sortir :

Souvenez-vous que Jésus-Christ est votre véritable maître, le seul qui puisse vous instruire de toute vérité, *Magister vester unus est Christus*. Remplissez-vous bien de ses maximes et de sa doctrine; dites-lui, avec Samuel et avec Vincent de Paul : Parlez, Seigneur; car votre serviteur vous écoute.

Lisez attentivement le cinquième chapitre de l'Evangile selon saint Matthieu; appliquez-vous à vous-même les conseils et les préceptes qui y sont renfermés; ne vous contentez pas d'une considération superficielle qui ne fait qu'effleurer la vérité; approfondissez-la; tâchez de la graver dans votre esprit, d'en pénétrer votre cœur et d'y conformer votre conduite.

Priez saint Vincent de demander à Dieu pour vous la grâce de profiter de la méditation que vous venez de faire, et de mettre en exécution les résolutions que vous y avez prises : récitez en son honneur les litanies suivantes :

LITANIES.

Seigneur, ayez pitié de nous,		Kirie eleison.	
Christ, ayez pitié de nous,		Christe eleison.	
Seigneur, ayez pitié de nous,		Kyrie eleison.	
Christ, écoutez-nous.		Christe audi nos.	
Jésus-Christ, exaucez-nous,		Christe exaudi nos,	
Dieu le Père, du haut du ciel où vous régnez,	Ayez pitié de nous.	Pater de cœlis Deus,	Miserere nobis.
Dieu le Fils, rédempteur du monde,		Fili, redemptor mundi Deu	
Dieu le Saint-Esprit,		Spiritus, sancte Deus,	
Trinité sainte qui êtes un seul Dieu,		SanctaTrinitas unus Deus,	
Sainte Marie, reine de tous les saints,		Sancta Maria Regina Sanctorum omnium,	
Saint Vincent de Paul,		Sancte Vincenti à Paulo,	
Saint Vincent, qui dès vos plus tendres an-	Ora	Sancte Vincenti qui ab infantiá Deum	Priez

timuisti et abstinuisti ab omni peccato, (*Tob.* 1.)	nées avez craint le seigneur et vous êtes abstenu de tout péché,
Sancte Vincenti, imitator apostolorum, et Domini, (1. *Thess.* 1.)	Saint Vincent, parfait imitateur des apôtres et du seigneur,
Sancte Vincenti fidelis minister in Domino, (*Ephes.* 6.)	Saint Vincent, fidèle ministre du seigneur,
pro nobis.	pour nous.
Sancte Vincenti qui sacerdos juxtà cor et animam ejus, (1. *Reg* 2.)	Saint Vincent, prêtre selon l'âme et le cœur de Dieu,
Sancte Vincenti qui in mandatis ejus maxime assiduus fuisti, (*Eccl.* 7.)	Saint Vincent, qui avez sans cesse médité sa sainte loi,
Sancte Vincenti, gloria Christi et ecclesiæ, ora pro nobis. (2. *Cor.* 8.)	Saint Vincent, la gloire de Jésus-Christ et de son église, priez pour nous.
Sancte Vincenti, protector noster, ora pro nobis. (*Psal.* 83.)	Saint Vincent, notre puissant protecteur, priez pour nous.
Agnus Dei qui tollis peccata mundi, parce nobis, domine.	Agneau de Dieu, qui effacez les péchés du monde, pardonnez-nous.
Agnus Dei qui tollis peccata mundi, exaudi nos, domine.	Agneau de Dieu, qui effacez les péchés du monde, exaucez-nous.
Agnus Dei qui tollis	Agneau de Dieu, qui

effacez les péchés du monde, ayez pitié de nous.

peccata mundi, miserere nobis.

Saint Vincent, priez pour nous,

Ora pro nobis, beate Vincenti.

Afin que nous nous rendions dignes des promesses de Jésus-Christ.

Ut digni efficiamur promissionibus Christi.

ORAISON.

O Dieu, qui, pour faire annoncer l'évangile aux pauvres, soulager les misères de ceux qui sont abandonnés ou malades, et augmenter l'honneur de l'état ecclésiastique, avez fait éclater l'esprit de votre fils dans l'humilité et dans la charité apostolique du bienheureux Vincent de Paul, accordez-nous que, délivrés par son intercession des misères de nos péchés, nous vous soyons agréables par la même charité et la même humilité; c'est ce que nous vous demandons par Jésus-Christ notre Seigneur.

Ainsi soit-il.

OREMUS.

Deus qui ad evangelizandum pauperibus, derelictorum, infirmorum que miserias sublevandos et ecclesiastici ordinis decorem promovendum, Filii tui spiritum in apostolicâ beati Vincentii à Paulo, charitate et humilitate suscitasti, ejus nobis intercessione concede ut, à peccatorum miseriis ublevati, eâdem tibi semper charitate et humilitate placeamus, per Christum Dominum nostrum.

Amen.

SECOND JOUR.

Sur la douceur de saint Vincent de Paul.

Discite à me quia mitis sum. (Matt. 11.)
Apprenez de moi que je suis doux.

I. POINT.

Considérez que la première leçon que Vincent de Paul apprit de Jésus fut celle d'être doux : son tempérament bilieux lui rendait cette vertu nécessaire. Les Saints ne sont pas sur la terre sans passions, mais ils s'en rendent maîtres. Vincent le devint tellement de la colère, il en réprima avec tant de soin et de succès les mouvemens, qu'à peine étaient-ils aperçus. Quels efforts généreux, combien de violences intérieures lui coûta cette victoire ! Souvent attaqué, mais toujours en garde, il refusa constamment à la colère le ministère de ses sens extérieurs. Il se taisait quand il se sentait ému; le zèle même lui paraissait alors suspect et les représentations mal placées; il attendait pour faire le bien un temps plus serein, et, s'il lui échappait une parole où l'humeur eût quelque part, que n'en coûtait-il pas à cette humeur pour s'y être montrée? Aveu public de sa faute, prosternation aux pieds de ceux qui l'avaient à peine aperçue, bons offices pour dédommager les personnes, quoique très-légèrement blessées; enfin prières plus ferventes et nouveau courage contre de nouvelles attaques : ainsi Vincent refroidit en quelque sorte son tempérament et apprit de Jésus à être doux. Employons les mêmes armes, et avec la grâce de ce même Jésus, nous obtiendrons les mêmes succès.

II. POINT.

Vincent, à l'école de Jésus, n'en demeura pas là et crut que ce n'était pas assez que de réprimer sa colère et de s'en punir sévèrement; que né pour la société, il devait pratiquer la douceur, qui en est le plus aimable lien. Il revint à son maître et à son modèle Jésus-Christ; il remarqua la grâce répandue sur ses lèvres, la sérénité de son visage, l'amabilité avec laquelle il accueillait les enfans, les pauvres, les pécheurs, les malades; il remarqua la bonté dont il usait envers ses disciples, encore peu formés; le calme qu'il conservait au milieu des milliers de personnes qui le suivaient : voilà le modèle que Vincent s'efforça d'imiter. Il fut d'un accès facile à tous; dans l'accablement des affaires comme dans les momens libres, on était reçu avec la même ouverture, écouté avec la même tranquillité, servi avec le même zèle, et renvoyé content; le moindre aspect d'indifférence aurait blessé sa charité si parfaite; les répréhensions même que sa charge ou son zèle lui prescrivait, il les assaisonnait d'une tendre cordialité qui en ôtait l'amertume. Voilà le charme qui attirait tant de monde à Saint-Lazare, et qui méritait à Vincent la confiance des grands et des petits, et aux œuvres qu'il a entreprises, le succès qui nous étonne. Sa douceur s'insinuait dans les cœurs, et n'y trouva jamais de résistance; c'est ainsi que nous possédons la terre, et que nous parviendrons au ciel.

III. POINT.

Il faut voir la douceur de Vincent à l'épreuve; Dieu lui en ménagea de rudes; il y parut constamment le même que dans le plus grand calme. Il y parut même plus grand; sa douceur y montra une nouvelle vigueur, et y acquit un nouvel éclat. Des maladies longues et aiguës, des calomnies atroces, des reproches imprévus, des pertes de biens, d'amis, et surtout des meilleurs sujets de sa Congrégation, rien n'ébranlait notre saint Prêtre, rien n'alarmait la tranquillité de son âme; un regard vers Dieu, le souverain modérateur des événemens; un autre vers ses péchés, qui en méritaient, disait-il, de plus funestes, étouffaient tout sentiment, lui rendaient même la joie, et lui dictaient des cantiques d'actions de grâces. Il n'en demeurait pas là; après avoir payé à Dieu le tribut de la reconnaissance, il l'étendait jusqu'aux auteurs de ses disgrâces;

loin de concevoir quelque amertume, et le moindre ressentiment de cœur à leur égard, il les comblait de bons offices, il les excusait, il publiait tout le bien qu'il en savait, il prétendait même leur être redevable, et pour être accueilli de Vincent avec distinction, servi avec vivacité, il suffisait d'avoir donné quelque exercice à sa patience. Appliquons-nous, à son exemple, à réprimer les mouvemens de la colère et à pratiquer en toute occasion cette vertu de douceur. Pourquoi n'avons-nous pas le courage d'aller aussi loin? la même récompense est réservée à la même fidélité.

PRATIQUES.

Pour concevoir une haute idée de la vertu de la douceur, il suffit de penser que Jésus-Christ, qui l'a possédée dans le plus haut point de perfection, veut que nous apprenions de lui à la pratiquer. *Discite à me quia mitis sum* : voulez-vous suivre ce divin modèle?

Possédez votre âme en paix, veillez tous les mouvemens de votre cœur, réprimez les saillies de toutes vos passions et surtout de la colère, évitez l'empressement de vos démarches, et vivez dans une constante et continuelle récollection (1).

Ayez pour maxime inviolable dans le com-

(1) Terme de piété, de dévotion; c'est comme s'il y avait le mot recueillement.

merce avec le prochain, de ne rien dire ou faire qui puisse offenser qui que ce soit; supportez avec patience tout ce qui peut vous arriver de fâcheux; accoutumez-vous à regarder comme un gain les injures les plus atroces et les affronts les plus sanglans; réjouissez-vous en notre Seigneur, vous le représentant dans les différens états de sa Passion.

Tâchez de faire en ce jour, à l'exemple de saint Vincent et en son honneur, quelques actes intérieurs et extérieurs de la vertu de douceur, Dites souvent : *Jesus mitis et humilis corde, miserere nobis* : Jésus doux et humble de cœur, ayez pitié de nous.

LITANIES.

Récitez le commencement des Litanies, pag. 114, jusqu'à Sancte Vincenti à Paulo.

Sancte Vincenti à Paulo, ora pro nobis.	Saint Vincent de Paul, priez pour nous.
Sancte Vincenti qui omnem mansuetudinem ostendisti ad omnes homines. *Tit* 3.	Saint Vincent qui avez témoigné toute la douceur possible à l'égard de tous les hommes,
Sancte Vincenti qui forma gregis factus es ex animo, 1 *Pet*. 5.	Saint Vincent qui vous êtes appliqué de tout votre cœur à être le modèle du troupeau,
Sancte Vincenti tanquam rupes in sæ-	Saint Vincent qui comme un rocher
Ora pro nobis.	Priez pour nous.

êtes toujours demeuré ferme dans la mer orageuse du monde,
Saint Vincent le véritable ami de ses frères et du peuple d'Israël,
Saint Vincent homme vraiment riche en vertu,

Saint Vincent qui avez aimé Dieu de toutes vos forces,
Saint Vincent notre puissant protecteur,
Agneau de Dieu, etc.

Priez pour nous.

culi fluctibus immote,

Sancte Vincenti fratrum amator et populi Israël, 2 *Mach.* 15.
Sancte Vincenti homo dives in virtute, *Eccli.* 4.
Sancte Vincenti qui in omni virtute Deum dilexisti, *Eccli.* 7.
Sancte Vincenti protector noster,
Agnus Dei, etc.

Ora pro nobis.

Et le reste jusqu'après l'Oraison, pag. 115 et 116,

TROISIÈME JOUR.

Sur l'humilité de saint Vincent de Paul.

Discite à me quia mitis sum et humilis corde.

Apprenez de moi que je suis doux et humble de cœur.

I. POINT.

L'HUMILITÉ fut l'amie du cœur de Vincent; il la chercha toute sa vie avec l'ardeur de l'amour le plus passionné. Comme elle se trouve plus ordinairement dans l'humiliation, il en fut toujours avide, il s'y plaisait, c'était son élément : si Dieu prit plaisir à le tirer de l'obscurité qu'il aimait pour s'en servir à de grands desseins, Vincent porta partout le souvenir de sa bassesse, de ses péchés, de sa corruption. Il tâchait d'ouvrir les yeux du public sur tout ce qu'il y avait de plus méprisable en sa naissance, en son éducation, en sa personne, en sa conduite. Si quelque bien se faisait, quoique ce fût lui qui en remuât les ressorts, il n'y avait, disait-il, nulle part; les prières de ceux-ci, les sages conseils de ceux-là, la docilité des autres en avaient le mérite, et Dieu seul toute la gloire. S'il y avait quelque confusion à souffrir, quelque reproche à essuyer, c'était la part que Vincent saisissait d'autant plus avidement, qu'il le faisait par une conviction intime, qu'il était non-seulement un serviteur inutile, mais, pour parler comme lui : « un prodige de malice plus méchant que le démon, lequel n'avait pas tant mérité d'être en enfer que le misérable Vincent. » Combien nous sommes éloignés d'un si haut dégré de vertu et d'une humilité si profonde !...

II. POINT.

Considérez que l'humilité est une vertu qui nous porte à aimer le mépris ; les humiliations volontaires ne suffisent pas pour nous assurer la sincérité de cet amour, et pour Vincent il en fallut qui ne fussent pas de son choix : il a été méprisé, il a été honoré, il a été regardé par les uns comme un saint, comme le père des pauvres, la ressource générale des malheureux, et par les autres comme un ignorant, un hypocrite, un voleur, un simoniaque. Vincent s'efforça de détromper les premiers; ne pouvant y réussir, il gémit devant Dieu d'avoir les dehors de la piété sans en avoir (lui semblait-il) ni l'esprit ni la vérité : il oppose à des louanges si méritées l'aveu de ses péchés; il fuit dans des villages écartés pour se dérober aux acclamations publiques, et il y instruit les pauvres. A l'égard des autres, il s'unit à eux autant que la vérité le lui permet; il se place encore plus bas qu'ils ne l'ont mis, il les écoute avec complaisance, il ne se justifie d'aucun reproche, et le prétexte de ménager une réputation nécessaire au chef d'une communauté naissante ne l'éblouit jamais. On le met à la dernière place, il y reste tranquillement; on veut l'en tirer, il résiste; s'il faut la quitter par obéissance, il y tend quelque part qu'il soit, comme une pierre à son centre. Apprenons de notre Seigneur, à l'exemple de Vincent, à aimer les humiliations.

III. POINT.

Vincent apprit encore à l'école de Jésus une leçon d'humilité jusque là, ce semble, ignorée; ce fut d'aimer non-seulement les humiliations qui lui étaient personnelles, mais encore celles qui flétrissaient injustement une maison, ou même tout le corps de sa congrégation; de ne rien faire pour les repousser, d'en remercier Dieu comme d'une occasion de quelque grand bien; d'en chérir les auteurs comme ses bienfaiteurs, de publier leur mérite, de leur faire tout le bien qu'il pourrait, et de s'unir même à eux pour regarder sa congrégation comme la plus méprisable de toutes et la moins utile à l'église. C'est la leçon que Vincent a faite à ses enfans, après l'avoir apprise de Jésus. On avait cru jusque là que, comme, lorsque l'honneur d'un roi est attaqué, tout sujet est soldat et doit courir aux armes, ainsi, lorsqu'un ordre est offensé, tous les particuliers les moins sensibles à leur intérêt personnel sont en droit de prendre feu pour l'intérêt commun; mille prétextes spécieux semblent autoriser une telle conduite : mais Vincent, éclairé par des lumières supérieures, ne connaît de vrai honneur pour sa congrégation que d'être dans la plus profonde abjection; il l'y a vue; il en a béni Dieu, et lui a laissé le soin de l'en tirer, content d'opposer aux calomnies les plus atroces le silence et ses œuvres : c'était la leçon que Vincent avait apprise de son divin maître, qui s'est humilié jusqu'à la mort de la croix, et qui a souffert, dans sa Passion, les humiliations et les outrages les plus sensibles.

PRATIQUES.

L'humilité n'est pas une vertu qui ne regarde que les plus parfaits d'entre les chrétiens ; elle est absolument nécessaire à quiconque prétend au ciel : c'est à tout le monde que Jésus-Christ a dit : *Discite à me quia mitis sum et humilis corde, et invenietis requiem animabus vestris. Apprenez de moi que je suis doux et humble de cœur, et vous trouverez le repos de vos âmes.* Pour vous faciliter la pratique de cette vertu,

Travaillez avec soin à connaître vos misères, évitez les paroles qui pourraient tourner à votre avantage; étouffez toute pensée d'estime de vous-même, au moment qu'elle se fait sentir : il est plus aisé de l'arrêter à la porte du cœur que de l'en chasser, quand une fois elle y est entrée;

Supportez avec patience les affronts que l'on vous fait, et les sujets de confusion qui vous arrivent; aimez à être ignoré et à être réputé pour rien; mettez votre confiance dans ces paroles de notre Seigneur : *Celui qui s'élève sera humilié, et celui qui s'humilie sera élevé.*

Commencez dès aujourd'hui à faire quelque acte de cette vertu; priez la sainte Vierge de vous l'obtenir de Dieu : c'est par son humilité qu'elle a mérité d'être la mère du fils de Dieu...

Priez saint Vincent de la demander pour vous.

LITANIES.

Récitez le commencement des Litanies, page 114, jusqu'à Sancte Vincenti à Paulo.

Sancte Vincenti à Paulo, ora pro nobis.	Saint Vincent de Paul, priez pour nous.
S. V. qui ambulasti in omni humilitate et patientiâ, *Ephes.* 4.	S. V. qui avez pratiqué en toute chose l'humilité et la patience,
S. V. qui vilior numquam non factus es, 2 *Reg.* 6.	S. V. qui vous êtes abaissé et humilié en toute rencontre,
S. V. qui mortificationem Jesu in tuo jugiter corpore portasti, 2 *Cor.* 4.	S. V. qui avez continuellement porté en votre corps la mort de Jésus par vos souffrances et vos mortifications,
S. V. qui in captivitate positus viam veritatis non deseruisti, *Tob.* 1.	S. V. qui dans la captivité même n'avez pas abandonné la voie de la vérité,
S. V. qui adeptus gratiam in conspectu heri tui ipsum Christo lucrifecisti, *Tob.* 5.	S. V. qui, ayant trouvé grâce devant celui qui vous tenait dans ses fers, l'avez gagné à J.-C.,
S. V. qui vinctorum meministi tanquam simul vinctus *Heb.* 13.	S. V. qui avez été sensible aux maux des esclaves, comme si vous étiez vous-même esclave avec eux,

Ora pro nobis. — Priez pour nous.

S. V. notre puissant protecteur,	S. V. protector noster,
Agneau de Dieu, etc.	Agnus Dei, etc.

Et le reste jusqu'après l'Oraison, pag. 115 et 116.

QUATRIÈME JOUR.

Sur la charité de saint Vincent de Paul

Illi viri misericordiæ sunt, quorum pietates non defuerunt. (Ecclesiast. 44)

Ce sont là des hommes de charité et de miséricorde, et les œuvres de leur piété subsisteront pour jamais.

I. POINT.

C'est un trésor public qu'un homme de miséricorde; chacun peut y puiser : les pauvres y trouvent un asile, et les riches un modèle. C'est une image vivante de la bonté de Dieu, et le canal par où il fait couler ses bienfaits sur les malheureux. Tel fut Vincent de Paul; la miséricorde, née, pour ainsi dire, avec lui, rendit son âme compatissante et attentive à tous les besoins de ses frères : il les renferma dans le sein de sa charité immense, sans s'arrêter à une compassion stérile; il y pourvut par des moyens tels, qu'ils imitent, autant qu'il est possible, par leur stabilité, l'éternité de la providence de Dieu; par leur multitude, son étendue, et par leur fécondité sa magnificence. Il visita les malades, il consola les affligés, il fut comme le saint homme Job, *l'œil de l'aveugle, le pied du boiteux, le bâton du vieillard* (5,25). Soyez mille fois béni, ô mon Dieu, d'avoir donné une telle ressource aux pauvres et de tels exemples aux riches, et ne permettez pas que je sois l'admirateur stérile et oisif de la charité de ce saint prêtre.....

II. POINT.

La charité de saint Vincent de Paul fut prodigieuse par son étendue; aucune sorte de misère n'échappa à ses soins. Enfans-trouvés, victimes de mères parricides; pauvres vieillards courbés sous le poids des infirmités et des années, traînant dans les rues une vieillesse incommode et quelquefois criminelle; forçats sur les galères, souvent plus chargés du fardeau de leurs péchés que de la pesanteur de leurs chaînes; pauvres malades, d'autant plus dignes de commisération qu'ils sont hors d'état d'aller solliciter la charité des riches; provinces entières où la guerre et la stérilité ont porté l'horreur et la désolation; ce n'est là qu'une partie des misérables que Vincent de Paul a soulagés. Les œuvres de sa miséricorde envers eux subsistent encore. Les confréries des dames de la Charité, multipliées dans toutes les paroisses, et la compagnie des filles du même nom, répandue au delà du royaume, les perpétueront à jamais. O admirable fécondité de la miséricorde d'un seul homme! et disons mieux, d'un seul Dieu, dont il était le fidèle ministre ! Nous avons souvent devant les yeux les mêmes misères; pourquoi n'avons-nous pas dans le cœur la même charité?....

III. POINT.

Les pécheurs et les malades spirituels coûtent à la charité de Vincent de Paul des soins encore plus empressés : plus à plaindre que les pauvres et les malades corporels, ils ne sentent pas leur mal, ils n'en cherchent pas le remède; et même quelquefois ils repoussent la main douce et bienfaisante qui veut les guérir : un si triste état excite la compassion de Vincent; il ne peut voir périr ses frères sans leur tendre une main secourable : prières, larmes, jeûnes, macération de sa chair, instructions, exemple plus puissant encore que les paroles, tout fut employé par notre saint prêtre pour avertir et sauver les pécheurs. Non content de tout cela, il donne à son zèle une étendue immense et une sorte de perpétuité, par l'établissement de sa compagnie à qui il le communique, et qu'il charge de le transmettre à ses nouveaux enfans d'âge en âge, jusqu'à la postérité la plus reculée. Prions pour cette compagnie si utile à l'Eglise; la reconnaissance nous y engage, notre intérêt nous y invite. Notre prière reviendra dans notre sein. Allumez, Seigneur, dans tous les cœurs, ce zèle agissant de saint Vincent de Paul; remplissez-nous de l'esprit de charité et de zèle qui anima ce saint prêtre, et qui lui mérita après sa mort la couronne éternelle.

PRATIQUES.

La charité envers le prochain est la marque la plus assurée de notre amour pour Dieu : l'apôtre saint Paul nous assure que celui qui aime son prochain accomplit la loi. La charité est la plus grande de toutes les vertus : c'est le caractère propre du Christianisme.

Que Jésus-Christ nous reconnaisse, à ce caractère, pour ses vrais disciples; n'oublions jamais ces paroles de notre divin maître : *Aimez-vous à l'envi les uns et les autres, comme je vous ai aimés. J'ai eu faim, et vous m'avez donné à manger; j'ai été malade, et vous m'avez visité; toutes les fois que vous l'avez fait en mon nom, au moindre des miens, c'est à moi à qui vous l'avez fait.*

Faisons attention à ces paroles de l'apôtre saint Jean : *Que notre amour ne se borne pas à des paroles et à des sentimens; mais prouvons notre charité par des œuvres et des effets.*

Méditons sur les propriétés de la charité : elle est patiente, bienfaisante, courageuse; elle n'est ni jalouse, ni envieuse, ni fière, ni orgueilleuse; elle sacrifie ses propres intérêts; elle ne fait aucun mauvais jugement; elle n'est ni téméraire ni précipitée; elle supporte tout, elle souffre tout. Prions saint Vincent de Paul de demander à Dieu cette charité pour tous.

LITANIES.

Récitez le commencement des Litanies, *page* 114, *jusqu'à* Sancte Vincenti à Paulo.

Saint Vincent de Paul, priez pour nous.	Sancte Vincenti à Paulo, ora pro nobis.
S. V. qui dès l'enfance avez été plein de compassion et de miséricorde,	S. V. ab infantiâ misericors, (*Job*. 31.)
S. V. qui, n'étant encore qu'un enfant, montriez tant de charité envers les pauvres,	S. V. qui puerulus dividebas unicuique egenti prout poteras de facultatibus tuis, (*Tob*. 1.)
S. V. qui désiriez de donner non-seulement la connaissance de l'Evangile, mais votre propre vie,	S. V. qui non solum Evangelium Dei, sed etiam animam tuam cupide volebas tradere, (2 *Thes*. 8.)
S. V. qui n'avez jamais manqué de faire la charité et de faire part de vos biens aux autres,	S. V. qui beneficentiæ et communionis nunquam oblitus es, (*Heb*. 13.)
S. V. dont les affligés ont ressenti la tendresse,	S. V. qui tribulationem patientibus subministrasti, (1 *Tim*. 5.)
S. V. qui n'avez point	S. V. qui non quæ-

Priez pour nous. — Ora pro nobis.

siisti quæ tua sunt, sed quæ Jesu-Christi, (*Phil.* 2.)	cherché vos intérêts, mais ceux de Jésus-Christ,
S. V. protector noster,	S. V. notre puissant protecteur,
Agnus Dei, etc.	Agneau de Dieu, etc.

Et le reste jusqu'après l'Oraison, pag. 115 et 116.

CINQUIEME JOUR.

Sur la foi de saint Vincent de Paul.

Qui confitebitur me coràm hominibus confitebor et ego eum coram Patre meo qui in cœlis est. (Mat. 10.)

Quiconque me confesse devant les hommes, je le confesserai aussi moi-même devant mon Père qui est dans le Ciel.

I. POINT.

Un chrétien attentif à ses devoirs a tous les jours occasion de confesser Jésus-Christ. Un chrétien lâche rougit tous les jours de Jésus-Christ. Les manières de le confesser, et plus difficiles et plus éclatantes, sont réservées à des âmes fortes : elles les distinguent parmi les autres saints, comme la lune est distinguée parmi les étoiles. Vincent de Paul eut l'avantage de se trouver exposé à de rudes épreuves, et d'en sortir avec la glorieuse qualité de confesseur de la Foi. Tombé entre les mains des Infidèles, sa foi éclairée lui fit voir avec joie le pillage de ses biens; persuadé que Dieu lui réservait en échange, des biens plus solides, que le corsaire ne peut ravir. Il se vit avec complaisance chargé de chaînes, donné en spectacle, exposé en vente, vendu à des maîtres durs : il vit en eux le maître souverain, et les servit avec une fidélité à laquelle ils ne purent refuser leur affection : cette affection souvent plus fatale à une foi faible que les menaces et les tourmens, attaqua celle de Vincent : elle fit briller à ses yeux des richesses abondantes, une fortune assez brillante, l'amitié et la confiance du patron, mais surtout la fin d'un pénible esclavage. Plus d'une fois il lui fut dit : *Hæc omnia tibi dabo si cadens adoraveris me.* Mais ferme comme un rocher, rien ne l'ébranla : il n'oublie point le nom de son Dieu, il fait gloire de le chanter dans une terre étrangère; ce n'est pas tout : il attaque à son tour, il sort de ses chaînes vainqueur et triomphant, il enlève au démon les armes dont il se servait pour le combattre, et fait de son maître un esclave de Jésus-Christ. De quoi n'est pas capable une foi vive soutenue par une ferme confiance dans le secours de la divine Providence!

II. POINT.

Considérez qu'il n'est pas donné à tous de confesser la foi devant les tyrans, mais que Dieu exige que tout le monde la conserve, la pratique avec fidélité et la professe hardiment, même au milieu des plus rudes épreuves ; c'est ce qui a paru avec éclat dans Vincent. Il la soutint contre tous les artifices du plus zélé et du plus adroit partisan d'une nouvelle hérésie; il la professa à Tunis contre les plus séduisantes promesses d'un maître qui avait presque sur lui le droit de vie et de mort ; il la conserva et la garda sans diminution chez la reine Marguerite, malgré une affreuse tentation dont il avait bien voulu se charger, en s'offrant à Dieu en esprit de victime pour en délivrer un Théologal qui était près de succomber à des pensées de désespoir occasionées par des tentations contre la foi et la religion. Il craignait jusqu'à l'ombre de ce qui pourrait altérer sa foi : il savait que plus elle est humble, simple et docile, plus elle est agréable à Dieu ; il voulait qu'on ne la fondât ni sur les raisonnemens humains, ni sur les subtilités philosophiques. La parole de Dieu expliquée, non au gré du caprice et des visions de l'esprit des novateurs, mais par l'autorité de l'Eglise, était sa règle; et jamais il n'en suivit d'autre. Imitons-le dans la pratique de cette vertu si nécessaire pour plaire à Dieu.

III. POINT.

La haute idée que saint Vincent de Paul avait de cette importante vertu, le portait à la communiquer autant qu'il était en lui, et surtout à ceux qui en étaient le plus destitués : de là les catéchismes et les instructions qu'il fit souvent et si volontiers aux pauvres, qui d'ordinaire sont plus négligés. De là son attention à remplir des mêmes sentimens ceux de ses amis qu'il croyait les plus propres à exercer ce devoir de charité; il ne crut pas avoir confessé sa foi, s'il ne s'opposait à l'erreur, s'il ne la poursuivait partout; ce que la plupart des hommes font, ou par des mouvemens naturels, ou par des principes humains, il le faisait par le motif et sur les règles de la foi : c'est sur le niveau de la foi qu'il réglait ses jugemens, qu'il formait ses projets, qu'il exécutait ses saintes entreprises : en un mot il avait la plénitude de la foi; il en vivait comme en vit l'homme juste; elle animait ses actions et ses paroles, ses affections et ses pensées; aussi était-il préparé à donner son sang et sa vie pour sa défense. Ferions-nous volontiers le même sacrifice?

PRATIQUES.

La foi est l'hommage le plus parfait que l'homme puisse rendre à la souveraine vérité; et c'est la règle sur laquelle il faut nécessairement qu'il forme sa conduite. Mais, hélas! est-il rien de plus rare dans ces temps malheureux? *Filius hominis veniens, putas, inveniet fidem in terrâ?* Rien ne doit nous rassurer qu'une vie vraiment chrétienne.

C'est avec cette foi que vous devez composer la vôtre; voyez si vos pensées, vos désirs et vos affections y sont conformes; et ayez soin de régler vos actions et vos paroles sur ce principe fondamental; ne vous faites pas illusion dans une matière si importante pour votre salut. *Fides sine operibus mortua est. La foi sans les œuvres est une foi morte.*

Rappelez-vous, dans toutes les circonstances où vous vous trouverez, ces paroles de notre Seigneur : *Qui confitebitur me coram hominibus, confitebor et ego eum coram Patre meo.* Ne rougissez point des preuves de votre foi, en vous acquittant devant les hommes des différens exercices de piété que cette vertu doit animer; gardez-vous surtout de toute nouveauté.

Pour l'affermir en vous, dites avec saint Vincent : *Seigneur, augmentez notre foi. Ad auge nobis fidem.*

LITANIES.

Récitez le commencement des Litanies, *page* 114, *jusqu'à* Sancte Vincenti à Paulo.

Sancte Vincenti à Paulo, ora pro nobis.	Ora pro nobis.	Saint Vincent de Paul, priez pour nous.	Priez pour nous.
S. V. juste ex fide vivens, (*Heb.* 10.)		S. V. le juste par excellence qui vit de la foi,	
S. V. qui non secun-		S. Vincent qui n'avez	

Priez pour nous.	Ora pro nobis.
pas vécu de la vie des sens, mais de la vie de la foi,	dum carnem sed ex fide vixisti, (*Heb.* 10.)
S. V. qui avez toujours espéré en Dieu,	S. V. qui sperasti semper in Deo tuo, (*Osee*, 12.)
S. V. qui n'avez pas vécu pour vous-même, mais pour celui qui est mort pour nous tous,	S. V. qui non tibi sed ei vixisti qui pro omnibus mortuus est, (*Cor.* 2.)
S. V. qui n'avez jamais agi par des voies humaines et charnelles,	S. V. qui nihil fecisti in alteram partem declinando, (1 *Tim.* 5.)
S. V. dont toutes les Eglises révèrent la mémoire,	S. V. cujus laus est per omnes Ecclesias, (2 *Cor.* 8.)
S. V. notre puissant protecteur,	S. V. protector noster,
Agneau de Dieu, etc.	Agnus Dei, etc.

Et le reste jusqu'après l'Oraison, pag. 115 et 116.

SIXIEME JOUR.

Sur la prudence de saint Vincent.

Estote prudentes sicut serpentes, et simplices sicut columbæ. (Matt. 11.)

Soyez prudens comme des serpens et simples comme des colombes.

I. POINT.

La prudence et la simplicité sont deux vertus d'autant plus précieuses qu'elles sont rares, et que l'une ne semble s'élever que sur les ruines de l'autre. La prudence est circonspecte, réservée, profonde dans ses desseins; la simplicité naïve a une candeur et une ouverture qui laisse voir le cœur sur les lèvres. Vincent les sut allier sans que celle-ci perdît rien de sa franchise, ni celle-là de sa retenue. Elles coulaient en lui de la même source. Une intention déclarée de chercher premièrement le royaume de Dieu et sa justice, de les établir, de les étendre, voilà le but de Vincent et son système. Jamais il ne s'en écarta; il y allait droit par le chemin le plus court, le plus battu; il n'essaya pas d'y arriver par des routes nouvelles, détournées, abrégées, inconnues à ses pères; il en eut horreur. Ainsi rien ne l'engageait à cacher ses démarches, à déguiser ses sentimens, à envelopper sa conduite. Dans la direction des religieuses, dans la conduite des paroisses, dans les assemblées des dames de la Charité, au milieu des pauvres, à la cour, dans le secret de ses deux familles, mêmes principes, mêmes maximes, même plan, même façon de penser et d'agir; aussi fut-il simple comme la colombe et prudent comme le serpent.

II. POINT.

On ne saurait dire laquelle de ces deux vertus contribua le plus aux succès des grandes œuvres que Vincent entreprit : souvent elles demandaient le concours d'un nombre infini de personnes différentes d'humeurs, de conditions, de sentimens et d'intérêts; il fallait les ramener au même point. Vincent sut en devenir comme le centre. Il n'avait qu'à se montrer, prendre en main une affaire, la proposer : aussitôt, comme par enchantement, la plus difficile paraissait faisable, on la devait faire, elle était faite. Sa simplicité mettait la chose dans son vrai point de vue, la faisait envisager comme l'œuvre de Dieu. Sa prudence choisissait les moyens, levait les difficultés, rassurait les plus timides. Par celle-là il gagnait les cœurs, les ramenait; par celle-ci il éclairait les esprits sans leur laisser apercevoir la main qui portait le flambeau. Chacun se mettait en mouvement, contribuait à l'ouvrage, ou du moins laissait agir Vincent, et applaudissait à sa prudente simplicité. Voilà l'innocent artifice que Vincent a employé pour projeter, commencer et consommer tant de pieux établissemens, et pour les fonder sur les plus solides fondemens.

III. POINT.

La simplicité de Vincent et sa prudence n'ont jamais manqué d'épreuves ni d'exercices. Il vécut dans des jours orageux. L'église et l'état souffrirent sous ses yeux de rudes secousses. Etant du conseil de la régence et à la tête d'une congrégation, il ne lui était pas possible de jouir du calme dans l'obscurité d'une vie privée. Le tonnerre gronda plus d'une fois sur sa tête ; on lui tendit des piéges, on le menaça; on le méprisa ; on le chargea de calomnies ; on le combla tantôt d'injures, tantôt d'éloges. Des esprits artificieux tâchent de le surprendre. Sa simplicité leur faisait croire la chose facile, parce que sa prudence ne se montrait que dans le besoin. Il a eu à traiter avec une infinité de personnes et de différens caractères d'esprit ; il a manié mille affaires délicates, épineuses ; rien ne le démontait. Par sa simplicité il déconcertait les plus fins ; il désarmait les plus emportés par sa prudence ; il faisait servir à ses desseins les forces mêmes qu'on y opposait, et convertissait les obstacles en moyens. A l'aide de ces deux vertus, Vincent fut invincible, et sortit des pas les plus glissans avec le mérite et la réputation d'un saint.

PRATIQUES.

Le fils de Dieu, dans son Evangile, joint la prudence à la simplicité, parce que l'une sans l'autre est un vrai défaut, au lieu que les deux réunies sont de vraies et solides vertus. La prudence chrétienne tend à sa fin, et sa fin est toujours Dieu ; elle choisit les moyens, elle règle les actions et les paroles ; elle fait tout avec maturité, avec poids, nombre et mesure. La simplicité est un don qui nous fait aller droit à Dieu et droit à la vérité, sans faste, sans biais, sans déguisement, sans respect humain, sans vue de propre intérêt.

Consultez toujours en toute occasion les maximes que Jésus-Christ nous a enseignées. Demandez-vous à vous-même ce que le fils de Dieu a dit, ce qu'il a fait, ce qu'il a jugé dans de semblables occasions : voilà quelle était la règle de Vincent de Paul ; il ne s'en départait jamais.

Soyez simple dans le cœur, dans l'esprit, dans l'intention, dans la manière d'agir, dans la manière de parler; soyez discret, évitez dans vos paroles tout ce qui pourrait faire croire au prochain que vous avez dans l'esprit ou dans le cœur ce que vous n'y avez pas en effet.

Imitez saint Vincent de Paul, priez-le de demander à Dieu pour vous ces deux vertus.

LITANIES.

Récitez le commencement des Litanies, page 114, *jusqu'à* Sancte Vincenti à Paulo.

	Priez pour nous.		*Ora pro nobis.*
Saint Vincent de Paul, priez pour nous.		Sancte Vincenti à Paulo, ora pro nobis.	
S. V. qui avez été véritablement simple, droit et craignant Dieu,	Priez pour nous.	S. V. vir simplex, recte, ac timens Deum, (*Job*. 2.)	Ora pro nobis.
S. V. qui vous êtes conduit dans ce monde en toute simplici-		S. V. qui in simplicitate cordis et sinceritate Dei con-	

versatus es in hoc mundo, (2 *Cor*. 1.)	té et dans la sincérité de Dieu,
S. V. qui incontaminatum te in negotiis exhibuisti, (2 *Cor*. 7.)	S. V. qui dans toutes les affaires vous êtes toujours montré irréprochable,
S. V. qui omne opus bonum subsecutus es, (1 *Tim*. 5.)	S. V. qui n'avez laissé échapper aucune occasion de faire le bien,
Ora pro nobis.	*Priez pour nous.*
S. V. Christi vitæ et virtutum imitator assidue,	S. V. qui avez été le parfait imitateur de la vie et des vertus de J.-C.,
S. V. qui in finem usque fuisti fidelis,	S. V. qui jusqu'à la fin avez persévéré dans le bien,
S. V. protector noster, (*Psal*. 83.)	S. V. notre puissant protecteur,
Agnus Dei, etc.	Agneau de Dieu, etc.

Et le reste jusqu'après l'Oraison, *pag*. 115 et 116,

SEPTIEME JOUR.

Sur l'amour de la pauvreté dans saint Vincent de de Paul.

Beati pauperes. (Matt. 5.)

Bienheureux les pauvres.

I. POINT.

Une telle beatitude est peu ambitionnée; Vincent en connut le prix. Pour se la procurer, il méprisa, il craignit les richesses : l'anathème dont Jésus son divin maître a frappé les richesses l'effraya, il découvrit dans l'abondance quelque chose de funeste ; le passé l'instruisit. Il remonta en esprit au temps heureux de la naissance des ordres religieux ; il y vit la piété florissante dans le sein de la pauvreté. Descendant de siècles en siècles, il y vit entrer l'opulence et avec elle l'affaiblissement de la discipline régulière, l'esprit du monde ; et ne pouvant oublier que Jésus-Christ et ses vrais apôtres avaient fondé la piété fervente dans la pauvreté, et que de brillante et pure qu'elle était, dans la fournaise de la pauvreté, elle pouvait devenir languissante et même fugitive, dans l'opulence ; Vincent craignit pour sa congrégation naissante une pareille révolution : il l'avertit que la pauvreté sera toujours pour elle un fort impénétrable, où elle se rira des vaines attaques de ses ennemis, et qu'elle ne périra jamais que par les richesses et les vices qui en sont les enfans.

II. POINT.

Pour prévenir ce malheur, il l'établit dans la pratique d'une pauvreté d'autant mieux entendue qu'elle n'est onéreuse à personne. Des fonds modiques pour être en état de servir gratuitement le public ; un entretien réglé par les canons et les besoins ; alimens communs autant qu'il en faut pour se défendre de la faim ;

habits simples et modestes, ameublement assez ressemblant à ceux d'Élisée, rien de superflu, rien pour les yeux ou pour la commodité, rien en propre; tout avec subordination, précairement et avec une sincère disposition d'en être dépouillé, d'y être le plus mal partagé, le plus mal vêtu, le plus mal couché, de manquer quelquefois même du nécessaire, et de s'en réjouir; les épargnes non accumulées par une précaution si fatale aux pauvres, mais répandues fidèlement dans leur sein; c'est la pauvreté que pratiqua Vincent et qu'il recommanda à ses enfans; il en fit ses délices. Sa foi éclairée lui découvrit dans la disette, des trésors que les yeux du monde n'y voyaient pas. Elle nourrit son humilité et sa confiance en Dieu : elle le rendit parfaitement dépendant de la Providence, et affaiblit ses passions en leur ôtant ce qui peut les satisfaire.

III. POINT.

L'amour de la pauvreté produisait en Vincent celui des pauvres. Il les respecta; ils lui parurent aussi grands qu'ils sont rabaissés aux yeux du monde : leur état lui rappelait celui de Jésus fait pauvre pour nous enrichir. Il le vit en eux; il se plut en leur compagnie; il se consacra à les servir comme ses entrailles. Leurs besoins l'attendrissaient plus que les siens propres, plus que ceux de sa congrégation. Ils étaient les premiers objets de son cœur. Sa tendresse pour eux ingénieuse, lui inspira mille moyens de les soulager; il leur procura des lieux de retraite, qui, par leur magnificence, paraissent plutôt des hôtels de seigneurs que des habitations de pauvres. Par un secret qui semble tenir du prodige, à la persuasion insinuante de Vincent, ils se virent servis par des dames de la première qualité. Un tel spectacle édifia et étonna Paris, les provinces, les pauvres. A ces servantes honoraires, Vincent ajouta une compagnie d'innocentes vierges, dont le titre le plus honorable est celui de servantes des pauvres; dont l'institut est de les servir, de leur préparer et de leur porter à manger, de les soigner et de les panser avec le respect et l'affection tendre d'une servante de Jésus-Christ.

PRATIQUES.

Le fils de Dieu voulant nous affranchir du joug de la cupidité, qui est la source et la racine de tous les maux, est venu nous apprendre par ses exemples et par ses maximes que *bienheureux sont les pauvres*, beati paupere.

Dépouillez-vous de l'esprit du monde, qui ne connaît et qui ne goûte que les biens terrestres et périssables. Remplissez-vous de celui de Jésus-Christ, qui a tellement aimé la pauvreté, qu'il n'avait pas pendant sa vie mortelle où reposer sa tête.

Si vous ne vendez pas tout ce que vous avez pour le donner aux pauvres, au moins possédez les biens que vous ne pouvez abandonner, comme s'ils ne vous appartenaient pas, et ne vous regardez plus à cet égard que comme l'économe des pauvres.

Pour entrer dans cette disposition, faites un sacrifice de tout ce que vous avez d'inutile et de superflu, et s'il se peut, que ce soit en faveur des pauvres; si vous n'avez pas encore assez de courage pour prendre pour vous le pire de ce qui vous est offert, contentez-vous-en lorsque la Providence vous le présente, de quelque manière que ce soit. Demandez à Dieu, par l'intercession de saint Vincent, l'amour des pauvres et de la pauvreté.

LITANIES.

Récitez le commencement des Litanies, page 114, jusqu'à Sancte Vincenti à Paulo.

Sancte Vincenti à Paulo, ora pro nobis.	Saint Vincent de Paul, priez pour nous.
S. V. qui oculus fuisti cœco et pes claudo, (*Job.* 29.)	S. V. qui avez été l'œil de l'aveugle et le pied du boiteux,
S. V. qui pater fuisti pauperum, (*Job.* 29.)	S. V. en qui les pauvres ont toujours trouvé un père,
S. V. qui ordinasti	S. V. qui avez formé
Ora pro nobis.	Priez pour nous.

une assemblée de pieuses dames consacrées à leur service,

S. V. qui avez délivré de la chute tant de Vierges chrétiennes, et de la mort tant d'orphelins abandonnés,

S. V. qui dans la famine avez sauvé la vie à un nombre infini de personnes,

S. V. homme de charité et de miséricorde, dont les œuvres de piété subsisteront à jamais,

S. V. notre puissant protecteur,

Agneau de Dieu, etc.

Priez pour nous.

domum in ministerium illorum, (1 *Cor.* 15.)

S. V. qui periclitantes liberasti virgines et pupillum cui non erat adjutor, (*Job.* 29.)

S. V. qui in fame innumeros eruisti de morte, (*Job.* 6.)

S. V. vir misericordiæ cujus pietates non defuerunt, (*Eccli.* 4.)

S. V, protector noster, (*Psal.* 83.)

Agnus Dei, etc.

Ora pro nobis.

Et le reste jusqu'après l'Oraison, pag. 115 et 116.

HUITIEME JOUR.

Sur le zèle de saint Vincent de Paul.

Sacerdotes Sion induam salutari et sancti ejus exultatione exultabunt. (Psal. 131).

Je revêtirai de justice les prêtres de Sion, et je mettrai des cantiques de joie à la bouche de ceux qui y seront consacrés.

I. POINT.

Le clergé eut part à la sollicitude de Vincent; pénétré jusqu'au cœur d'en voir l'éclat terni, il commença la réforme par lui-même, et travailla à proportionner ses mœurs à l'éminence du sacerdoce, quoiqu'il marchât encore dans les ténèbres, et presque sans guide. Il ne le reçut qu'avec une sainte frayeur; il l'exerça toujours avec crainte et tremblement; et pour s'en rendre plus digne, il en étudia sans cesse les règles et les devoirs; il connut toute l'étendue de ses obligations, il en sentit tout le poids. Il ne perdit jamais de vue qu'il était une participation de la mission de Jésus-Christ, et cette vue, en augmentant sa frayeur, redoubla son ardeur à imiter le souverain prêtre, à continuer ses travaux, à se remplir de son esprit, à employer, pour établir le règne de Dieu, et détruire celui du monde, les moyens que ce pontife saint avait employés. A la victime qu'il offrait tous les jours à l'autel, il unissait son cœur pour être brûlé dans les flammes du plus ardent amour, et son corps pour être immolé par les rigueurs de la pénitence. Il priait comme chargé des intérêts du monde entier. Enfin il approcha tellement de l'idée d'un parfait ecclésiastique, qu'il mérita que saint François de Sales lui rendît le glorieux témoignage d'*être le plus digne prêtre qu'il connût.*

II. POINT.

Vincent ne borna pas, à sa propre perfection, son zèle pour l'honneur du sacerdoce; il l'étendit à ceux qui y aspirent. Les évêques assemblés à Trente avaient vu la nécessité de leur donner une éducation convenable. La France n'avait pas encore de séminaires; les plus saints évêques les désiraient, sans avoir pu en ériger. Vincent fut le saint Charles Borromée français; il en traça le plan, il en régla les exercices, il en forma les directeurs : on crut faisable ce qu'on lui voyait faire. Une sainte émulation mit d'autres en mouvement ; Vincent y applaudit, les aida de ses conseils, et bientôt l'Eglise de France vit dans son sein des pépinières de saints ecclésiastiques. La vocation des ordinans fut éprouvée, leurs mœurs purifiées, leur esprit cultivé, formé par d'habiles maîtres aux fonctions ecclésiastiques. Répandus dans les diocèses, ils y portèrent la lumière et la chaleur; ils rallumèrent la piété éteinte dans les peuples; ils purifièrent le lieu saint. L'ignorant fut instruit; le pauvre soulagé; le malade consolé; la majesté du culte divin rétablie; les sacremens dispensés avec prudence; sa première splendeur rendue au clergé, et au peuple sa première ferveur.

III. POINT.

Il était à craindre que leur commerce avec le monde n'affaiblît la piété des ecclésiastiques élevés dans les séminaires. La plus ferme n'est pas inébranlable, et de très-heureux commencemens sont quelquefois suivis de chutes d'autant plus lourdes qu'elles se font de plus haut. Pour prévenir ce malheur, le zèle éclairé de Vincent, toujours fréquent en expédiens, lui en suggéra deux très-propres à conserver dans ses élèves leur première ferveur: les conférences ecclésiastiques et les retraites annuelles. Il leur enseigna de s'assembler une fois la semaine, pour s'entretenir des vertus de leur état, de ses charges, de ses périls, de ses fonctions; pour s'éclairer et s'animer par la communication de leurs lumières et de leurs sentimens; persuadé que, ne fussent-ils que deux ou trois, Jésus serait au milieu d'eux, les verrait avec complaisance et leur inspirerait une nouvelle ardeur. La retraite annuelle retire du monde, ramène à la source du séminaire. Dans ce désert sacré, Dieu parle au cœur, la manne y tombe; on voit de près les plus grandes vérités de la religion; on rentre dans son cœur, on en examine les endroits faibles, on en relève les brèches, et tout renouvelé on retourne à son troupeau, pour lui communiquer le feu dont on est embrasé. Mais, hélas ! de ces deux exercices le dernier est presque entièrement négligé, et le premier converti le plus souvent en une occasion de dissipation.

PRATIQUES.

Dieu a chargé chacun de nous du soin de son prochain; nous devons tous avoir du zèle pour la sanctification de nos frères, pour procurer la gloire de Dieu et pour opérer notre salut.

Faites que votre zèle soit animé par la charité, réglé par la prudence et modéré par la douceur; commencez par vous-même, et n'oubliez jamais ces paroles du fils de Dieu : *Que sert-il à l'homme de gagner tout le monde, s'il vient à perdre son âme ?*

Défiez-vous d'un zèle faux et indiscret qui fait tout entreprendre; il est souvent l'effet d'une humeur bouillante et de l'activité naturelle, ou d'une ambition secrète. Soyez toujours attentifs à la présence de Dieu.

Commencez toujours l'exercice de votre zèle par la prière; demandez à Dieu qu'il vous l'accorde avec toutes ses qualités, par l'intercession de saint Vincent de Paul.

LITANIES.

Récitez le commencement des Litanies, page 114, *jusqu'à* Sancte Vincenti à Paulo.

Sancte Vincenti à Paulo, ora pro nobis.	Saint Vincent de Paul, priez pour nous.
S. V. qui zelatus es Sion zelo magno, (*Zach.* 8.)	S. V. qui avez brûlé de zèle pour la gloire de Dieu et de son Eglise,
S. V. qui ad ejus unitatem servandam à Deo fuisti sollicitus, (*Ephes.* 4.)	S. V. qui avez été si attentif à en conserver l'unité,
S. V. qui a domino messis obtinuisti operarios pro messe suâ, (*Luc.* 10.)	S. V. qui avez obtenu du maître de la moisson des ouvriers capables d'y travailler,
S. V. qui misisti eos ante faciem tuam prædicare per castella, (*Luc.* 9 *et* 10).	S. Vincent qui les avez envoyés de village en village prêcher le royaume de Dieu,
S. V. qui tot idoneos fecisti novi testamenti ministros, (2 *Cor.* 3.)	S. V. qui avez formé tant de saints ministres de la nouvelle alliance,
S. V. cujus collationibus et piis exercitationibus tot steterunt sacerdotes in officio suo, (2 *Paral.* 35.)	S. V. qui par vos conférences et les retraites avez soutenu tant d'ecclésiastiques dans leur devoir,

Ora pro nobis. — Priez pour nous.

S. V. notre puissant protecteur,	S. V. protector noster, (*Psal.* 84.)
Agneau de Dieu, etc.	Agnus Dei, etc.

Et le reste jusqu'après l'Oraison, pag. 114 *et* 115.

NEUVIEME JOUR.

Sur les missions de saint Vincent aux pauvres de la campagne.

Pauperes evangelizantur. (Matt. 11.)
L'Evangile est annoncé aux pauvres.

I. POINT.

Les âmes des pauvres furent précieuses aux yeux de Vincent; il les vit avec douleur négligées, sans culture, sans instruction, et souvent plus dénuées des biens de la grâce que de ceux de la fortune. A les catéchiser, à entendre leurs confessions, à travailler à leur salut, il n'y a ni plaisir, ni honneur, ni profit; ils sont dégoûtans, incommodes, importuns Vincent crut que c'était la meilleure part; il la prit pour lui; il la prit pour ses deux congrégations, laissant à d'autres les fonctions qui ont de l'éclat, qui mènent aux dignités ecclésiastiques ou qui sont lucratives. Il se cacha dans les campagnes, dans les hôpitaux, dans les prisons, sous le chaume, avec ses amis les pauvres. Là il leur parla du royaume de Dieu;

il les consola, il les instruisit, il leur découvrit les trésors cachés sous leurs haillons, et leur apprit à mériter par des peines courtes et légères une éternelle gloire. Il dissipait l'ignorance la plus grossière, il guérissait les plaies du cœur les plus invétérées ; il leur rendait intelligibles les vérités les plus sublimes, et praticables les maximes les plus difficiles de l'évangile.

II. POINT.

La congrégation de la mission, que Vincent fonda, perpétue le zèle de son saint fondateur pour le salut des pauvres. Nouveaux apôtres par état et par mœurs, ils vont de village en village annonçant l'évangile, guérissant les malades, éclairant les aveugles, redressant les boiteux, ressuscitant les morts, c'est-à-dire opérant sur les âmes les merveilles que les premiers apôtres opéraient sur les corps. Ils donnent gratuitement ce qu'ils ont reçu sans le mériter. Simples, négligés, souffrans, rien ne les rebute, ni la rigueur des saisons, ni la grossièreté des peuples, ni la persécution des méchans. Ils souffrent tout sans se plaindre, même avec joie, pourvu que Jésus-Christ soit connu, aimé et servi par les pauvres, dont ils regardent les âmes comme à leur charge. Aussi Dieu bénit-il leurs travaux, et leur donne-t-il un succès incroyable. De mauvaises confessions réparées par une générale, des inimitiés invétérées éteintes, des procès interminables assoupis, des scandales ôtés, des biens mal acquis restitués; en un mot l'innocence et la paix rendues à une paroisse, c'est le prix ordinaire d'une mission.

III. POINT.

Les pauvres des villes sont souvent aussi peu instruits et aussi mal disciplinés que ceux de la campagne. Vincent le remarqua, il en fut touché, il s'efforça d'y remédier; et comme son humilité lui interdisait les missions dans les villes, il tâcha d'y suppléer, non-seulement en procurant aux pauvres des retraites commodes, où avec la nourriture du corps on leur distribue abondamment celle de l'âme, mais surtout en appliquant les filles de la Charité à l'instruction des pauvres filles. Admirez la prudence de Vincent : c'était aller à la source du mal et de l'ignorance répandue parmi le menu peuple. Ces filles deviennent mères; formées dans leur âge tendre à la piété, élevées dans la crainte de Dieu et l'horreur du péché, elles répandent les mêmes sentimens dans leurs familles, les transmettent dans la suite à leurs enfans; et tout cela, c'est l'ouvrage de Vincent, par le ministère des filles de la Charité, qui travaillent avec un zèle infatigable à cultiver l'esprit et à former le cœur des filles pauvres, qui, sans ce soin, auraient à peine su les premiers élémens de la piété et de la religion.

PRATIQUES.

C'EST pour le salut des hommes que Jésus-Christ est descendu du ciel sur la terre, qu'il est né, qu'il a vécu, qu'il a prêché, qu'il a souffert, qu'il est mort, qu'il est ressuscité, et qu'il est remonté au ciel après avoir commandé à ses apôtres d'aller annoncer l'évangile à toute la terre.

Considérez-le, parcourant les villes et les campagnes, enseignant dans les synagogues, les docteurs ainsi que les enfans. Travaillez de tout votre pouvoir au salut de vos frères. Tout le monde le peut, soit par ses avis et ses conseils, soit par ses exemples ou par ses prédications.

Estimez-vous heureux d'y avoir contribué en quelque chose, puisqu'il est dit : « qu'il y aura plus de joie dans le ciel pour un pécheur qui se convertit, que pour quatre-vingt-dix-neuf justes qui n'ont pas besoin de pénitence. »

Suivez en esprit Vincent de Paul dans tout ce qu'il a entrepris pour faire connaître et pratiquer l'évangile, et si vous ne pouvez imiter ses actions, priez avec ferveur le grand maître de la moisson d'envoyer des ouvriers selon son cœur, pour y travailler avec fruit.

LITANIES.

Récitez le commencement des Litanies, page 114, jusqu'à Sancte Vincenti à Paulo.

Priez pour nous.	Ora pro nobis.
Saint Vincent de Paul, priez pour nous.	Sancte Vincenti à Paulo, ora pro nobis.
S. V. qui avez été appelé comme Jésus-Christ pour annoncer l'évangile aux pauvres,	S. V. qui pauperibus evangelizare sicut Christus missus es, (*Luc.* 4.)
S. V. qui avez travaillé comme un bon soldat de Jésus-Christ,	S. V. qui laborasti sicut bonus miles Christi, (2 *Tim.* 2.)
S. V. qui dans le conseil des princes avez fait admirer la sagesse que Dieu avait répandue dans votre cœur,	S. V. qui regibus auditam fecisti sapientiam quam dederat Deus in corde tuo, (2 *Par.* 9.)
S. V. qui avez conduit dans la voie de la justice et de la sainteté les religieuses de plusieurs communautés,	S. V. qui sacras Deo virgines deduxisti per vias rectas, (*Sap.* 10.)
S. V. qui avez si glorieusement fourni votre carrière,	S. V. qui gloriosè cursum consummasti, (2 *Tim.* 4.)
S. V. vainqueur de l'ennemi du salut,	S. V. qui vicisti malignum, (1 *Joan.*)

S. V. qui accepisti coronam vitæ, (2 *Apoc.* 10.)	Ora pro nobis.	S. V. dont le Seigneur a couronné les vertus,	Priez pour nous.
S. V. civis sanctorum, (*Eph.* 2.)		S. V. citoyen des saints,	
S. V. amice sponsi, (*Joan.* 3.)		S. V. ami de l'époux,	
S. V. protector noster, (*Psal.* 83.)		S. V. notre puissant protecteur,	
Agnus Dei, etc.		Agneau de Dieu, etc.	

Et le reste jusqu'après l'Oraison, pag. 115 et 116.

MÉDITATION

POUR LE JOUR DE LA FETE.

DE S. VINCENT DE PAUL.

Perfectus sit homo Dei ad omne opus bonum instructus, 2 Thim. 3.

Que l'homme de Dieu soit parfait, et disposé à toutes sortes de bonnes œuvres.

I. POINT.

Tel fut Vincent de Paul ; c'est là son éloge en abrégé : vraiment l'homme de Dieu, ni une naissance illustre, ni une fortune opulente, ni des dignités éclatantes ne contribuèrent à le former, à l'élever, à l'illustrer. Il fut l'ouvrage de Dieu seul. Sa main le prit dans l'obscurité d'une basse condition, le conduisit par les routes ordinaires, par les humiliations. Elle le tint long-temps dans la dépendance, esclave, précepteur. Si elle le place dans une cure, bientôt elle l'en ôte, comme s'il n'était pas encore formé pour un emploi si sublime. Vincent obéit aveuglément ; il rentre par obéissance dans l'état dont l'obéissance l'avait tiré, et répondant fidèlement à la conduite et aux desseins de Dieu sur lui, il ne forme aucun projet, il ne cherche aucun appui humain. Il ferme les yeux à des occasions de se produire, qui s'offrent comme d'elles-mêmes; il attend en silence le développement des desseins de Dieu, dans la main duquel il est comme l'argile dans celle du potier : il veut être l'homme de Dieu seul.

II. POINT.

Vincent, l'homme de Dieu seul, comprit aisément qu'il se devait tout à Dieu; aussi ne servit-il jamais d'autres maîtres : il le vit toujours dans ceux à qui la Providence l'avait soumis; cette vue ne rendit sa soumission que plus respectueuse et plus prompte en la rendant plus pure. Les intérêts de son unique maître lui furent chers. Il les ménagea avec prudence, il les défendit avec force, il les poursuivit avec ardeur. Ses pertes l'affligeaient, ses conquêtes le comblaient de joie. Le zèle de sa gloire le dévorait. Les outrages qu'on lui faisait allumaient dans le cœur de Vincent un feu qui le desséchait et qui s'exhalait en prières, en gémissemens, en œuvres satisfactoires, en salutaires répréhensions, en nouveaux efforts pour honorer Dieu autant qu'il est déshonoré par les pécheurs. Il n'épargnait pour cela ni ses biens, ni son repos, ni sa santé; il aurait volontiers sacrifié sa vie; aussi Vincent fut-il l'homme de Dieu seul.

III. POINT.

L'homme de Dieu ne fut pas un serviteur inutile. Il fut propre et préparé à toutes bonnes œuvres. L'on sépare souvent ces caractères : les uns sont propres à l'œuvre de Dieu, mais jamais ils ne sont prêts ; les autres, prêts à tout entreprendre, ne consultent pas la mesure de leurs talens, de leurs lumières, de leurs forces. Les derniers sont propres et préparés aux bonnes œuvres; mais la sphère de leur activité est bornée : Vincent unit tous ces caractères propres ; Dieu l'avait formé comme un instrument dont il se voulait servir. Vincent l'avait laissé faire et s'était abandonné avec une merveilleuse flexibilité à ses desseins. L'humilité fut la principale forme qu'il lui imprima : par elle il eut une capacité proportionnée au vide immense qu'il découvrait en lui-même. Autant qu'il entra dans son néant, autant il entra en participation de la puissance de Dieu. Cette capacité de l'homme de Dieu ne fut pas oisive; propre à toute bonne œuvre, il y fut aussi préparé. Il les voulut toutes, et il dit avec saint Paul : *Seigneur, que voulez-vous que je fasse?* avec notre Seigneur : *Me voici ; je viens pour faire votre volonté, quelle qu'elle soit.* Cette préparation du cœur de Vincent fut écoutée, elle fut employée, appliquée à toutes sortes de bonnes œuvres ; le nombre et la diversité de ses œuvres nous étonnent. Comment un seul homme a-t-il pu suffire à tout? C'est que ce seul homme était l'homme de Dieu, propre et préparé à tout. S'il ne nous est pas donné de suivre Vincent partout, travaillons au moins, chacun dans notre état, selon la mesure et l'étendue du don que nous avons reçu de Jésus-Christ.

LITANIES

DE S. VINCENT DE PAUL.

Seigneur, ayez pitié de nous.		Kyrie, eleison.	
Jésus-Christ, ayez pitié de nous.		Christe, eleiso	
Seigneur, ayez pitié de nous.	Ayez pitié de nous.	Kyrie, eleison.	Miserere nobis.
Jésus-Christ, écoutez-nous.		Christe, audi nos.	
Jésus-Christ, exaucez-nous.		Christe, exaudi nos.	
Père céleste qui êtes Dieu,		Pater de cœlis Deus, miserere nobis.	
Fils redempteur du monde qui êtes Dieu,		Fili redemptor mundi Deus,	
Esprit Saint qui êtes Dieu,		Spiritus Sancte Deus,	
Trinité sainte qui êtes un seul Dieu,	Priez pour nous.	Sancta Trinitas unus Deus,	Ora pro nobis.
Sainte Marie,		Sancta Maria,	
Saint Vincent de Paul,		Sancte Vincenti à Paule,	
S. V. qui, dès l'âge le plus tendre, avez fait paraître la sagesse de l'âge le plus mûr,		S. V. senex à puero,	
S. V. qui dès l'enfance avez été plein de		S. V. ab infantiâ misericors,	

	compassion et de miséricorde,
S. V. de gregibus ovium electe, ut pasceres hæreditatem Domini,	S. V. qui de simple berger, comme David, êtes devenu chef et pasteur du peuple de Dieu,
S. V. in captivitate liber,	S. V. qui dans votre captivité avez conservé une parfaite liberté,
S. V. juxte ex fide vivens,	S. V. le juste par excellence qui vit de la foi,
S. V. christianæ spei anchorâ firmâ tutissime,	S. V. toujours appuyé sur l'ancre ferme de l'espérance chrétienne,
S. V. charitatis igne accense,	S. V. toujours embrasé du feu de la charité,
S. V. vir simplex, recte ac timens Deum,	S. V. l'homme véritablement simple, droit et craignant Dieu,
S. V. mitis et humilis corde Christi discipule,	S. V. le vrai disciple de Jésus-Christ, doux et humble de cœur,
S. V. carne et spiritu mortificate,	S. V. parfaitement mortifié de corps et d'esprit,
S. V. Spiritu Christi vivens,	S. V. toujours vivant et animé de l'esprit de Jésus-Christ,
S. V. gloriæ Dei vere zelator,	S. V. le généreux zélateur de la gloire de Dieu,
Ora pro nobis.	Priez pour nous.

S. V. toujours brûlant au dedans, toujours transporté au dehors du zèle du salut des âmes,	S. V. venator animarum strenue,
S. V. l'ennemi déclaré et le censeur perpétuel du monde et de ses maximes,	S. V. perpetue mundi contemptor et osor,
S. V. qui dans la pauvreté chrétienne avez trouvé la perle précieuse et le riche trésor de l'évangile,	S. V. christianâ paupertate dives,
S. V. émule de la pureté des anges,	S. V. angelicæ castitatis æmule,
S. V. toujours fidèle à l'obéissance, et toujours victorieux dans vos paroles,	S. V. vir obediens, et loquens victorias,
S. V. dès vos premières années constamment appliqué aux travaux de la charité,	S. V. in laboribus à juventute tuâ,
S. V. qui avez fui avec une exacte circonspection jusqu'à la plus légère apparence du mal,	S. V. ab omni specie malâ abstinens,
S. V. qui dans toutes vos actions avez aspiré à la pratique de la plus parfaite vertu,	S. V. perfectæ virtutis studiosissime,
S. V. qui comme un rocher êtes toujours demeuré inébranlable au milieu de la	S. V. tanquam rupes in sæculi fluctibus immote,

Priez pour nous.

Ora pro nobis.

	mer orageuse du monde.
S. V. in sapientiâ tuâ sicut sol manens,	S. V. qui, comme un soleil constant dans sa course, avez toujours marché dans les sentiers de la vraie sagesse,
S. V. in adversis omnibus patientissime,	S. V. toujours invincible à tous les traits de l'adversité,
S. V. longanimis, et multum misericors,	S. V. aussi patient à souffrir qu'indulgent à pardonner,
S. V. Ecclesiæ romanæ fili fidelissime,	S. V. enfant toujours docile et obéissant à l'Eglise romaine,
S. V. cathedræ Petri usque ad mortem conjunctissime,	S. V. jusqu'à la mort inviolablement attaché au siége apostolique,
S. V. à profanis vocum novitatibus alienissime,	S. V. qui avez eu une horreur extrême, et des nouveautés profanes, et des expressions artificieuses de l'erreur,
S. V. evangelizandis pauperibus destinate,	S. V. spécialement destiné par la Providence pour annoncer l'évangile aux pauvres,
S. V. ecclesiasticorum parens piissime,	S. V. le tendre père et le parfait modèle des ecclésiastiques,
S. V. sapientissi-	S. V. le sage fondateur

Ora pro nobis. — Priez pour nous.

de la congrégation de la Mission,	me congregationis Missionis fundator,
S. V. le prudent instituteur de la compagnie des Filles de la Charité,	S. V. puellarum Charitatis institutor vigilantissime,
S. V. toujours sensible à compatir, toujours prompt à subvenir à toutes les nécessités des pauvres,	S. V. in quosvis pauperes liberaliùs effuse,
S. V. également fervent, et dans l'exercice de la prière, et dans le ministère de la parole,	S. V. orationi, et ministerio verbi instantissime,
S. V. le parfait imitateur de la vie et des vertus de Jésus-Christ,	S, V. Christi vitæ et virtutum imitator assidue.
S. V. qui jusqu'à la fin avez persévéré dans la fuite du mal et dans la pratique du bien,	S. V. qui in finem usque fuisti fidelis,
S. V. dont la mort comme la vie a été si précieuse devant Dieu,	S. V. cujus preciosa mors in conspectu Domini,
S. V. qui par la connaissance de la première vérité, par l'amour de la souveraine bonté, jouissez d'un bonheur parfait, demandez pour tous les chrétiens et surtout pour vos chers	S. V. nunc veritate, charitate, et æternitate felix, ora pro nobis. Et pro omnibus christianis ut fideles filii, patris nostri vestigia sequamur,

Priez pour nous.

Ora pro nobis.

Agnus Dei qui tollis peccata mundi, parce nobis, Domine,

Agnus Dei qui tollis peccata mundi, exaudi nos, Domine,

Ora pro nobis.

Agnus Dei qui tollis peccata mundi, miserere nobis.

℣. Justum deduxit Dominus per vias rectas.

℟. Et ostendit illi regnum Dei.

enfans, que marchant fidèlement sur vos traces, ils arrivent au même terme et participent au même bonheur,

Agneau de Dieu qui effacez les péchés du monde, Seigneur, pardonnez-nous.

Agneau de Dieu qui effacez les péchés du monde, Seigneur, exaucez-nous.

Priez pour nous.

Agneau de Dieu qui effacez les péchés du monde, Seigneur, ayez pitié de nous.

℣. Le Seigneur a conduit le juste par les voies de la droiture et de l'équité

℟. Et il l'a fait arriver au royaume de Dieu.

PRIÈRE.

GRAND Dieu, qui, par un effet de votre bonté infinie, avez renouvelé de nos jours dans la charité et dans l'humilité apostolique de votre bienheureux serviteur Vincent de Paul, l'esprit de votre fils bien aimé, pour faire annoncer l'évangile aux pauvres, pour consoler les affligés, pour soulager les misérables et procurer à l'ordre ecclésiastique un nouveau lustre; accordez-nous, s'il vous plaît, par sa puissante intercession, que délivrés nous-mêmes de la plus grande misère du monde, qui est le péché, nous mettions notre principale étude à vous plaire par la pratique de la même charité et de la même humilité. Nous vous en prions par notre Seigneur Jésus-Christ, qui, étant Dieu, vit et règne avec vous, en l'unité du Saint-Esprit, pendant tous les siècles des siècles.

R. Ainsi soit-il.

Que la très-juste, la très-aimable et la suprême volonté de Dieu soit à jamais louée, bénie et accomplie en toutes choses.

(Prière que l'on récite plusieurs fois chaque jour.)

JE vous offre, ô mon Dieu! mon corps,

mon âme et tout ce que je suis; je vous offre toutes mes bonnes résolutions, toutes mes actions; ce sont les effets de votre grâce, je vous les rapporte comme à leur principe; daignez agréer tout ce que j'aurai à souffrir, afin que tout soit pour votre gloire et pour mon salut. Donnez-y, s'il vous plaît, votre sainte bénédiction.

Que par votre miséricorde et les mérites de notre Seigneur et ceux de vos saints, je ne me contente pas de bonnes résolutions, mais que j'en aie tous les effets, et que tous soient exécutés dans la plus parfaite charité.

ORAISON POUR LES MALADES.

Dieu tout puissant et miséricordieux, salut éternel des croyans, exaucez nos prières pour les êtres souffrans et malades; daignez leur accorder le secours de vos miséricordes, et que, rendus à l'état de santé, ils vous en rendent grâces dans le temps et dans l'éternité.

PRIÈRE

A DIEU DANS LES NÉCESSITÉS.

Mon Dieu, nous vous recommandons toutes les nécessités de l'Eglise, tant en général qu'en particulier, et entre autres celles des personnes dont nous aurons le plus à souffrir.

ACTES

QU'IL EST NÉCESSAIRE ET INDISPENSABLE DE DIRE SOUVENT.

ACTE DE FOI.

Mon Dieu, je proteste devant le ciel et la terre, que je veux vivre et mourir dans la foi et en l'union de la sainte Eglise catholique, apostolique et romaine; que je crois fermement tout ce qu'elle croit et enseigne; parce que c'est vous, ô mon Dieu! vérité éternelle, qui l'avez dit ou révélé, et que vous êtes la bonté et la sainteté infinie; que vous ne pouvez errer, et que vous êtes tout-puissant, pour faire tout ce qui vous plaît.

Je vous remercie, ô mon Dieu! de m'avoir créé, racheté et mis au nombre des enfans de votre Eglise, et de m'avoir si souvent sanctifié par les sacremens.

ACTE D'ESPÉRANCE.

O mon Dieu! encore que pour l'énormité et la multiplicité de mes péchés, j'aie si souvent et si justement mérité l'enfer, me confiant néanmoins aux mérites de la mort et passion de notre Seigneur Jésus-Christ et en la grandeur infinie de votre miséricorde, j'espère le pardon de tous mes péchés et la grâce de persévérer en votre saint amour, auquel je consacre tous les momens de ma vie.

ACTE DE CHARITÉ.

O mon Dieu! je vous aime et je veux vous aimer souverainement par-dessus toutes choses; vous êtes mon principe, mon souverain bien, ma fin dernière, vos bontés et vos miséricordes sont infinies : je désire parfaitement m'unir à vous, afin de vous aimer éternellement, de ce pur et invariable amour dont les bienheureux vous aiment dans le ciel.

ACTE D'AMOUR DU PROCHAIN.

Je vous demande, ô mon Dieu! la grâce et le salut de toutes les créatures que vous avez formées à votre image et ressemblance, spécialement de tous les enfans de votre Église, et en particulier de tous ceux de qui j'ai reçu quelque déplaisir. Je leur pardonne de tout mon cœur pour l'amour de vous, comme je désire que vous me pardonniez.

ACTE
DE SOUMISSION AUX DÉCRETS DE LA PROVIDENCE,
composé
PAR MADAME ELISABETH, SOEUR DE LOUIS XVI.

Que m'arrivera-t-il aujourd'hui, ô mon Dieu? je n'en sais rien; tout ce que je sais, c'est qu'il ne m'arrivera rien que vous n'ayez prévu, réglé et ordonné de toute éternité. Cela me suffit, ô mon Dieu, cela me suffit; j'adore vos desseins éternels et impénétrables, je m'y soumets de tout mon cœur pour l'amour de vous. Je veux tout, j'accepte tout, je vous fais un sacrifice de tout, et j'unis ce sacrifice à celui de Jésus-Christ, mon divin Sauveur. Je vous demande, en son nom et par ses mérites infinis, la patience dans mes peines et la parfaite soumission qui vous est due pour tout ce que vous voulez.

Ainsi soit-il.

PRIÈRE HABITUELLE

DU BON, DU PIEUX ET FIDÈLE DUC DE RIVIÈRE,

Gouverneur de S. A. R. Mgr le duc de Bordeaux.

(Né le 17 décembre 1763, il entra au service à l'âge de seize ans; il servit les Bourbons pendant quarante-neuf ans, y compris le temps qu'il passa dans les cachots pour leur cause. Il mourut âgé de soixante-cinq ans.)

Mon Dieu, vous élevez, vous abaissez, quand il vous plaît, et toujours selon les lois de votre sagesse. Je vous remercie de mes disgrâces, je vous remercie de vos faveurs; ce sont également des bienfaits. Que je n'en use que pour votre gloire, Seigneur, et, par pitié, rendez-moi les revers, si *jamais* je vous oublie dans la prospérité.

Incertain sur le sort qui lui était réservé, il écrivait : « Ne vous tourmentez pas, bien bons » amis; si le bonheur, ou plutôt la bonne pro- » vidence ne nous réunissait pas, nous nous » verrions dans une autre patrie, où les maux » d'ici bas comptent. »

Echappé une première fois, en 1792, des prisons républicaines, où une mort certaine l'attendait, S. A. R. le comte d'Artois, aujourd'hui S. M. Charles X, qui l'honora toujours d'une amitié dont il était si digne, lui écrivit :

« Tu m'as fait une belle peur, mon cher » Rivière; mais, grâces à Dieu et à ton courage, » tu t'es tiré d'affaire : j'ai été bien dédommagé, » car j'ai annoncé le premier à tes amis que tu » vivais. Je t'embrasse. »

ORAISON

POUR L'ÉGLISE ET POUR LE ROI.

Dieu éternel et tout-puissant, qui avez révélé votre gloire en Jésus-Christ à toute la terre, protégez les fidèles et maintenez-les dans les pratiques de la foi et des œuvres de miséricorde, afin que votre Eglise, qui est répandue par tout le monde, persévère avec une foi inviolable à glorifier votre saint nom.

Protégez toujours, nous vous en supplions, S. M. T. C. Charles X, fils de Saint-Louis, et fils aîné de l'Eglise, défendez toujours le trône des lis.

INVOCATION

AU SAINT NOM DE JÉSUS.

Jésus sois mon espoir;
Jésus sois ma liesse (1).
Jésus sois mon savoir;
Jésus sois ma richesse.
Jésus sois ma défense,
Et Jésus sois mon roi.
Jésus sois mon bonheur,
Et Jésus sois ma loi.
Jésus sois mon désir;
Jésus sois mon envie.
Jésus sois dans mon goût et dans mon ouïe.
Jésus vis toujours dans mon entendement.
Jésus sois mon plaisir et mon contentement.
Jésus sois en mes yeux;
Jésus sois en ma bouche.
Jésus sois en mes mains et en tout ce que je touche.
Jésus sois mon sentier;
Jésus sois en mes pas.
Jésus sois mon Jésus, le jour de mon trépas.

(1) Liesse, mot très-ancien qui signifie joie. Nos pères n'avaient pas un goût, une ouïe, si délicats que nous; mais, en échange, ils avaient une foi pleine de consolation, d'espérance et de charité.

ASPIRATION

QUE SAINT VINCENT DE PAUL SE PLAISAIT A RÉPÉTER.

Jesus, Pater pauperum, miserere nobis.
Jésus, Père des pauvres, ayez pitié de nous.

Dieu a exaucé la foi, l'humilité, la charité de saint Vincent de Paul, et sa prière fervente, en lui accordant d'être le fondateur d'établissemens incomparables et le consolateur de tous les malheureux.

Sachons répéter cette prière, comme saint Vincent de Paul. Combien nous sommes pauvres en biens spirituels, pauvres en vertus, pauvres en mérites!

AUX PREMIÈRES VÊPRES

Notre père, etc. Je vous salue, Marie, etc.

Venez à mon aide, ô mon Dieu.

℟. Seigneur, hâtez-vous de me secourir (*Ps*. 69. 1.).

Gloire soit au Père, au Fils et au saint Esprit, maintenant et toujours, et dans tous les siècles, comme elle était dès le commencement. Ainsi soit-il. Louons Dieu.

Ant. Les pauvres et les affligés cherchent de l'eau ; ils n'en trouvent pas. Mais je suis le Seigneur, et je les exaucerai; je suis le Dieu d'Israël, et je ne les abandonnerai point.

Pater noster, etc. Ave Maria, etc.

Deus in adjutorium meum intende.

℟. Domine, ad adjuvandum me festina.

Gloria Patri, et filio et spiritui sancto: sicut erat in principio et nunc et semper, et in sæcula sæculorum. Amen. Alleluia.

Ant. Egeni et pauperes quærunt aquas, et non sunt : ego Dominus exaudiam eos, Deus Israel non derelinquam eos (*Ps*. 41, 27).

PSAUME 109.

Le Seigneur a dit à mon seigneur : demeurez assis à ma droite,

Pendant que je réduirai vos ennemis à vous servir de marche-pied.

O Christ, le Seigneur

Dixit Dominus domino meo : sede à dextris meis,

Donec ponam inimicos tuos, scabellum pedum tuorum.

Virgam virtutis tuæ

emittet Dominus ex Sion : dominare in medio inimicorum tuorum.

fera partir de Sion le sceptre de votre puissance, et vous régnerez au milieu de vos ennemis.

Tecum principium in die virtutis tuæ in splendoribus sanctorum : ex utero antè luciferum genui te.

Vous posséderez toute souveraineté au jour où, environné de vos saints tout brillans de gloire, votre puissance éclatera. Je vous ai engendré de mon sein avant l'astre qui annonce la lumière.

Juravit Dominus et non pœnitebit eum : tu es sacerdos in æternum secundùm ordinem Melchisedech.

Le Seigneur l'a juré, et il ne s'en repentira pas. Vous êtes pour l'éternité prêtre selon l'ordre de Melchisedech.

Dominus à dextris tuis : confregit in die iræ suæ reges.

Le Seigneur est à votre droite, il brisera les rois au jour de sa colère.

Judicabit in nationibus, implebit ruinas : conquassabit capita in terrâ multorum.

Il jugera les nations, il multipliera sur elles ses châtimens, il écrasera contre terre les têtes d'un grand nombre de personnes.

De torrente in viâ bibet : propterea exaltabit caput.

Dans son chemin il boira des eaux du torrent, et par là il élèvera sa tête.

Gloria Patri, etc.

Gloire au Père, etc.

Ant. Egeni.

Ant. Les pauvres.

Ant. Suscitabo mihi sacerdotem fidelem, qui juxtà cor meum et animam meam faciet,

Ant. Je me susciterai un prêtre fidèle, qui agira selon mon cœur et selon mon âme; je lui établirai une maison stable, et il marchera toujours devant mon Christ.

et ædificabo ei domum fidelem, et ambulabit coràm Christo meo (1. *Reg.* 2. 35).

PSAUME 110.

Seigneur, je vous louerai de tout mon cœur dans les assemblées particulières et générales des justes.

Confitebor tibi, Domine, in toto corde meo : in concilio justorum et congregatione.

Les ouvrages du Seigneur sont grands et toujours parfaitement proportionnés à ses desseins.

Magna opera Domini; exquisita in omnes voluntates ejus.

Tout ce qu'il fait publie ses louanges et sa grandeur; sa justice subsiste dans tous les siècles.

Confessio et magnificentia opus ejus : et justitia ejus manet in sæculum sæculi.

Le Seigneur, plein de miséricorde et de tendresse, a éternisé la mémoire de ses merveilles, en donnant à ceux qui le craignent une nourriture admirable.

Memoriam fecit mirablilium suorum, misericors et miserator Dominus : escam dedit timentibus se.

Dans tous les temps il se souviendra de son alliance; il a fait connaître à son peuple la puissance de ses œuvres.

Memor erit in sæculum testamenti sui; virtutem operum suorum annuntiabit populo suo.

En le rendant maître de l'héritage des nations, œuvres de la main du Seigneur qui montrent

Ut det illis hæreditatem gentium : opera manuum ejus veritas et judicium.

égalément sa fidélité et sa justice.

Fidelia omnia mandata ejus, confirmata in sæculum sæculi : facta in veritate et æquitate.

Toutes ses promesses sont inviolables ; les siècles n'y changent rien ; elles sont fondées sur la vérité et la justice.

Redemptionem misit populo suo : mandavit in æternum testamentum suum.

Il a délivré son peuple de la servitude, et il a fait avec lui une alliance qu'il ne rompra jamais.

Sanctum et terribile nomen ejus : initium sapientiæ timor Domini.

Son nom est saint et terrible. La crainte du Seigneur est le principe de la sagesse.

Intellectus bonus omnibus facientibus eum : laudatio ejus manet in sæculum sæculi.

Ceux qui règlent leur vie sur cette crainte ont la vraie intelligence ; elle sera louée dans tous les siècles.

Gloria Patri, etc.

Gloire au Père, etc.

Ant. Suscitabo.

Ant. Je me susciterai.

Ant. Dabo vobis pastores juxtà cor meum, et pascent vos scientiâ et doctrinâ (*Jér.* 3. 15.).

Ant. Je vous donnerai des pasteurs selon mon cœur, et ils vous donneront la nourriture de la science et de la doctrine.

PSAUME 111.

Beatus vir qui timet dominum, in mandatis ejus volet nimis.

Heureux l'homme qui craint le Seigneur et qui met tout son plaisir à accomplir ses commandemens.

Potens in terrâ erit semen ejus : generatio rectorum benedicetur.

Il aura sur la terre une nombreuse et puissante postérité ; car la race des justes sera comblée de bénédictions.

La gloire et les richesses abonderont dans sa maison, et sa justice subsistera dans tous les siècles.

Gloria et divitiæ in domo ejus : et justitia ejus manet in sæculum sæculi.

Au milieu des ténèbres mêmes, la lumière se lève sur les justes : il est un Dieu miséricordieux, tendre et équitable.

Exortum est in tenebris lumen rectis; misericors et miserator et justus.

Qu'aimable est l'homme compatissant, qui prête aux pauvres, qui règle ses discours selon l'équité! jamais rien ne l'ébranlera.

Jucundus homo qui miseretur et commodat, disponet sermones suos in judicio : quia in æternum non commovebitur.

Eternellement on se souviendra du juste, et sa réputation sera à l'épreuve des traits de la calomnie.

In memoriâ æternâ erit justus : ab auditione malâ non timebit.

Son âme est toujours prête à se confier dans le Seigneur, son cœur est inébranlable : il attend tranquillement que Dieu le fasse triompher de ses ennemis.

Paratum cor ejus sperare in domino, confirmatum est cor ejus : non commovebitur donec despiciat inimicos suos.

Il distribue libéralement ses biens aux pauvres : il ne s'écarte jamais des sentiers de la justice : c'est par là qu'il sera élevé en puissance t en gloire.

Dispersit, dedit pauperibus : justitia ejus manet in sæculum sæculi; cornu ejus exaltabitur in gloriâ.

Peccator videbit et irrascetur ; dentibus suis fremet et tabescet: desiderium peccatorum peribit.	Le pécheur le verra et il s'en irritera ; il en grincera les dents, il en séchera de dépit; mais les désirs des pécheurs périront avec eux.
Gloria patri, etc.	Gloire au père, etc.
Ant. Dabo vobis.	*Ant.* Je vous donnerai.
Ant. Labia enim sacerdotis custodient scientiam, et legem requirent ex ore ejus. (*Mal.* 2. 7.)	*Ant.* Car les lèvres du prêtre seront les dépositaires de la science, et c'est de sa bouche que l'on recherchera la connaissance de la loi.

PSAUME 112.

Laudate, pueri, dominum : laudate nomen dominì.	Serviteurs de Dieu, louez le Seigneur ; célébrez la gloire de son nom.
Sit nomen Domini benedictum : ex hoc nunc, et usque in sæculum.	Que dès à présent et dans tous les siècles, le nom du Seigneur ne cesse jamais d'être béni.
A solis ortu usquè ad occasum : laudabile nomen domini.	Il mérite d'être célébré depuis l'orient jusqu'à l'occident.
Excelsus super omnes gentes Dominus : super cœlos gloria ejus.	Le Seigneur est élevé au-dessus de toutes les nations, et tout l'éclat des cieux n'approche point de sa gloire.
Quis sicut Dominus Deus noster, qui in altis habitat, et humilia respicit in cœlo et in terrâ?	Qui est comparable au Seigneur notre Dieu? il habite au plus haut des cieux, et il daigne abaisser ses regards sur ses

moindres ouvrages, dans le ciel et sur la terre !

Il tire de la poussière celui qui est dans l'indigence ; il relève le pauvre de dessus le fumier,

Suscitans à terrâ inopem : et stercore erigens pauperem.

Pour le placer au rang des princes et des princes de son peuple.

Ut collocet eum cum principibus cum principibus populi sui.

Enfin, c'est lui qui essuie les larmes d'une épouse stérile, en remplissant sa maison d'une nombreuse postérité.

Qui habitare facit sterilem in domo matrem filiorum lætantem.

Gloire au père, etc.

Ant. Car les lèvres.

Gloria patri, etc.

Ant. Labia.

Ant. J'enivrerai et j'engrenerai l'âme des prêtre, et mon peuple sera tout rempli de mes biens.

Ant. Inebriabo animam sacerdotum pinguedine, et populus meus bonis meis adimplebitur. (*Jer.* 31. 14)

PSAUME 116.

Nations, louez toutes le Seigneur ; peuples, louez-le tous.

Laudate Dominum omnes gentes : laudate eum omnes populi.

Parce qu'il a multiplié sur nous les effets de sa miséricorde et que la vérité de ses promesses subsiste éternellement.

Quoniam confirmata est super nos misericordia ejus : et veritas Domini manet in æternum.

Gloire au père, etc.

Ant. J'enivrerai.

Gloria patri, etc.

Ant. Inebriabo.

CAPIT. (Eccl. 18, 24.)

La miséricorde de

Miseratio hominis

circà proximum suum misericordia autem Dei super omnem carnem : qui miséricordiam habet, docet et erudit quasi pastor gregem suum.

l'homme se répand sur son prochain, mais la miséricorde de Dieu s'étend sur toute chair. Plein de compassion, il instruit et il châtie les hommes, comme un pasteur fait ses brebis.

R. Deo gratias.

R. Grâces à Dieu.

HYMNE.

Qui mutare solet grandibus infima,

Omnes exsuperans, maximus omnium,
Vincenti tenuem te Deus extulit,
Cœli cætibus inferens.

Dieu qui se plaît à faire monter au plus haut degré de grandeur ce qu'il y a de plus petit sur la terre : ce Dieu dont les desseins ne sont pas moins incompréhensibles qu'il est au-dessus de tous par l'excellence de son être, vous a choisi, ô Vincent, dans la plus extrême bassesse pour vous élever à la gloire des saints.

Vilis sub tuguri tegmine nasceris :
At splendor tenebras excipiet breves ;
Te complexa sinu, præsidium sibi
Nutrix pauperies parat.

C'est sous le toît obscur d'une vile cabane, que vous naissez ; mais ces ténèbres passagères seront bientôt dissipées par le brillant éclat de votre lumière. C'est la pauvreté qui vous reçoit et qui vous nourrit en son sein ; mais ce n'est que pour se préparer en vous la plus abondante ressource.

Afin qu'aucune espèce de misères ne vous échappe, et qu'elles reçoivent de vous un plus prompt adoucissement, Dieu permet, hélas! que vous éprouviez le plus dur esclavage; mais la vérité vous délivre du joug de la servitude, en captivant votre injuste maître sous le joug de la foi.

Ut promptam miseris ferre scias opem,

Duras heu! patieris servitii vices:

Sed te, dum fidei subdit herum jugo,

Solvit compede veritas.

Quelle éclatante lumière de bonnes œuvres vous fait briller à présent aux yeux de l'univers! je vois l'épouse de J. C., embellie par vos travaux, paraître avec une grâce nouvelle: je vois le clergé rétabli dans son ancienne splendeur; je vois les peuples éclairés, et leur foi languissante revivre.

Quantus nunc, operum luce pates! tuis

Christi sponsa nitet culta laboribus:

Claro priscus honos, vivaque languidis.

Exsurgit populis fides.

Le pauvre, le captif, l'orphelin, le malade, les peuples des montagnes les plus désertes vous appellent avec justice leur père: Votre grand plaisir est de pourvoir à tous leurs besoins; vous soulagez leur corps,

Te montanus, inops, æger et orphanus.

Te plebs tota suum jure vocat patrem.

Cunctis lætus ades, corpora sublevas.

Mentes concilias deo.

vous guérissez leurs âmes, vous les réconciliez avec Dieu.

Regum consiliis jussus ades sacris,

Mentis certæ tuæ lumina certa consulunt.

On vous ordonne de prendre place au conseil sacré de nos rois. Ils trouvent dans les lumières de votre esprit d'inépuisables ressources :

Te nil tangit honos; at miseros ope,

Et regnum monitis juvas.

mais peu touché d'un si grand honneur, vous n'y cherchez qu'à procurer la gloire de Dieu, le soulagement des pauvres, et le bonheur de l'état.

Quem flectunt inopes, maxima laus patri;

Ægris undè salus, maxima filio;

Blando qui recreas pectora flamine.

Par sit laus tibi, spiritus. Amen.

Gloire souveraine au père tout-puissant, qui se laisse fléchir à la prière des pauvres; gloire souveraine au fils rédempteur descendu sur la terre, pour guérir toutes nos maladies; égale gloire à l'esprit d'amour, qui, par la douceur de sa divine présence, donne aux affligés les plus solides consolations. Ainsi soit-il.

℣. Justus totâ die miseretur et commodat. ℟. Et semen illius in benedictione erit.

℣. Le juste ne cesse de prêter et de donner.

℟. Aussi sa postérité sera en bénédiction. (*Psal.* 30. 26.)

A Magnificat, *Antienne.*

Il distribue libéralement ses biens aux pauvres ; il ne s'écarte jamais des sentiers de la justice.

Dispersit, dedit pauperibus ; justitia ejus manet in sæculum sæculi. (*Ps.* 3)

Cantique a la sainte Vierge.

Mon âme glorifie le seigneur,

Magnificat anima mea Dominum.

Et mon esprit est rempli de joie en Dieu mon sauveur.

Et exultavit spiritus meus in Deo salutari meo.

Parce qu'il a regardé la bassesse de sa servante ; désormais tous les siècles me nommeront bienheureuse.

Quia respexit humilitatem ancillæ suæ : ecce enim ex hoc beatam me dicent omnes generationes.

Car le tout-puissant a fait en moi de grandes choses, lui dont le nom est saint,

Quia fecit mihi magna qui potens est : et sanctum nomen ejus.

Et dont la miséricorde s'étend de génération en génération sur ceux qui le craignent.

Et misericordia ejus à progenie in progenies timentibus eum.

C'est lui qui, déployant la puissance de son bras, dissipe les desseins que les hommes superbes forment dans leurs cœurs.

Fecit potentiam in brachio suo ; dispersit superbos mente cordis sui.

Il renverse les grands et élève les petits.

Deposuit potentes de sede et exaltavit humiles.

Esurientes implevit bonis et divites dimisit inanes.

Qui comble de biens ceux qui sont pressés de la faim, et qui renvoie vides et dépouillés ceux qui sont riches.

Suscepit Israël puerum suum : recordatus misericordiæ suæ.

C'est lui qui, se souvenant de sa miséricorde, a pris sous sa protection Israël son serviteur,

Sicut locutus est ad patres nostros : Abraham et semini ejus in sæcula.

Selon qu'il l'avait promis à nos pères, à Abraham et à sa postérité pour jamais.

Gloria patri, etc.

Gloire au père, etc.

Ant. Dispersit.

Ant. Il distribue.

ORAISON.

Deus, qui ad salutem pauperum et cleri disciplinam novam in Ecclesiâ tuâ per beatum Vincentium familiam congregasti; da, quæsumus, ut eodem nos quoque spiritu ferventes, et amemus quod amavit, et quod docuit operemur : per Dominum nostrum Jesum Christum filium tuum, qui tecum vivit et regnat in unitate ejusdem spiritûs sancti Deus per omnia sæcula sæculorum.

R. Amen.

O Dieu! qui par le bienheureux Vincent avez assemblé une nouvelle famille dans votre église, pour y travailler au salut des pauvres et au maintien de la discipline dans le clergé, faites par votre grâce, nous vous en supplions, qu'animés de ce même esprit de ferveur et de zèle, nous aimions ce qu'il a aimé, et que nous pratiquions ce qu'il a enseigné. Nous vous le demandons par notre seigneur Jésus-Christ votre fils, qui, étant Dieu, vit et règne avec vous en l'unité du Saint-Esprit, dans tous les siècles des siècles.

℟. Ainsi soit-il.

℣. Bénissons le seigneur.

℟. Rendons grâces à Dieu.

℣. Que par la miséricorde de Dieu les âmes des fidèles reposent en paix.

℟. Ainsi soit-il.

℣. Benedicamus domino.

℟. Deo gratias.

℣. Fidelium animæ per misericordiam Dei requiescant in pace.

℟. Amen.

Complies après les secondes vêpres.

Lith. Mme Ve Noël, R. Dauphine, 22, 24.

Venez à moi vous tous ; arrêtez vous devant moi et voyez s'il est une douleur pareille à la mienne. Mon âme est triste jusqu'à la mort ; les pêcheurs m'ont réduit à cet horrible état ; je porte toutes les iniquités des hommes. Chrétiens, ne rendez point mes souffrances inutiles ; votre cœur pourrait-il rester insensible ? non, sans doute, venez donc vous laver dans cette fontaine de mon sang, qui efface les péchés du monde. Pécheurs ne craignez point ; revenez à moi, je suis venu pour vous sauver.

MESSE.

PRIÈRE AVANT LA MESSE.

Prosterné au pied de votre saint autel, je vous adore, Dieu tout-puissant, je crois fermement que la messe, à laquelle je vais assister, est le sacrifice du corps et du sang de Jésus-Christ votre fils. Faites que j'y assiste avec l'attention, le respect et la frayeur que demandent de si redoutables mystères et que, par les mérites de la victime qui s'immole pour moi, immolé moi-même avec elle, je ne vive plus que pour vous, qui vivez et régnez dans tous les siècles. Ainsi soit-il.

Le prêtre, au pied de l'autel, fait le signe de la croix et dit :

In nomine Patris, et Filii, et spiritûs sancti. Amen.	Au nom du Père, et du Fils, et du Saint-Esprit. Ainsi soit-il.
Introibo ad altare Dei. R. Ad Deum qui lætificat juventutem meam.	Je m'approcherai de l'autel de Dieu : R. Je me présenterai devant Dieu, qui remplit mon âme d'une joie toujours nouvelle.

Psaume 42.

Soyez mon juge, ô mon Dieu, et prenez ma défense contre les impies : délivrez-moi de l'homme injuste et trompeur.

R. Car vous êtes mon Dieu, vous êtes ma force : pourquoi vous éloignez-vous de moi ? pourquoi me laissez-vous dans le deuil et la tristesse, sous l'oppression de mes ennemis ?

Faites briller sur moi votre lumière et votre vérité : qu'elles me conduisent sur votre montagne sainte, et qu'elles me fassent entrer jusque dans votre sanctuaire.

R. Je m'approcherai de l'autel de Dieu : je me présenterai devant Dieu, qui remplit mon âme d'une joie toujours nouvelle.

Je chanterai vos louanges sur la harpe, mon Seigneur et mon Dieu : ô mon âme, pourquoi donc êtes-vous triste, et pourquoi me troublez-vous ?

R. Espérez en Dieu,

Judica me, Deus ; et discerne causam meam de gente non sanctâ : ab homine iniquo et doloso erue me.

R. Quia tu es, Deus, fortitudo mea : quare me repulisti ? et quare tristis incedo, dùm affligit me inimicus ?

Emitte lucem tuam et veritatem tuam : ipsa me deduxerunt et adduxerunt in montem sanctum tuum et in tabernacula tua.

R. Et introibo ad altare Dei : Ad Deum qui lætificat juventutem meam.

Confitebor tibi in citharâ : Deus, Deus meus : quare tristis es, anima mea, et quare conturbas me ?

R. Spera in Deo,

quoniam adhuc confitebor illi : salutare vultûs mei, et Deus meus.

Gloria Patri, et Filio, et Spiritui sancto. R. Sicut erat in principio, et nunc, et semper, et in sæcula sæculorum. Amen.

car je lui rendrai encore des actions de grâces : il est mon Sauveur et mon Dieu.

Gloire au Père, et au Fils, et au S. Esprit : R. Aujourd'hui et toujours comme dès le commencement, et dans tous les siècles des siècles.

Ainsi soit-il.

La messe ne commence qu'ici au temps de la Passion et des Morts.

Introibo ad Altare Dei : R. Ad Deum qui lætificat juventutem meam.

Je m'approcherai de l'autel de Dieu : R. Je me présenterai devant Dieu, qui remplit mon âme d'une joie toujours nouvelle.

Adjutorium nostrum in nomine Domini, R. Qui fecit cœlum et terram.

Notre secours est dans le nom du Seigneur, R. Qui a fait le ciel et la terre.

Après le Confiteor *du prêtre, les assistans répondent:*

Misereatur tuî omnipotens Deus, et, dimissis peccatis tuis, perducat te ad vitam æternam.

R. Amen.

Que Dieu tout-puissant ait pitié de vous; et qu'après vous avoir pardonné vos péchés, il vous conduise à la vie éternelle.

R. Amen.

Les assistans font la confession, en disant :

Je confesse à Dieu tout-puissant, à la bienheureuse Marie toujours Vierge, à S. Michel archange, à S. Jean-Baptiste, aux apôtres S. Pierre et S. Paul, à tous les Saints, et à vous, mon Père, que j'ai beaucoup péché par pensées, par paroles, et par actions : c'est ma faute : c'est ma faute : c'est ma très-grande faute. C'est pourquoi je supplie la bienheureuse Marie toujours Vierge, S. Michel archange, S. Jean-Baptiste, les apôtres S. Pierre et S. Paul, tous les saints, et vous, mon Père, de prier pour moi le Seigneur notre Dieu.

Confiteor Deo omnipotenti, beatæ Mariæ semper Virgini, beato Michaëli archangelo, beato Joanni Baptistæ, sanctis Apostolis Petro et Paulo, omnibus sanctis, et tibi, Pater, quia peccavi nimis cogitatione, verbo et opere : meâ culpâ, meâ culpâ, meâ maximâ culpâ. Ideò precor beatam Mariam semper Virginem, beatum Michaëlem archangelum, beatum Joannem Baptistam, sanctos apostolos Petrum et Paulum, omnes sanctos, et te, Pater, orare pro me ad Dominum Deum nostrum.

Le prêtre prie pour les assistans, et pour lui-même.

Que Dieu tout-puissant ait pitié de vous, et qu'après vous avoir pardonné vos péchés, il vous conduise à la vie éternelle. R. Amen.

Misereatur vestrî omnipotens Deus; et, dimissis peccatis vestris, perducat vos ad vitam æternam. R. Amen.

Que le Seigneur tout-puissant et miséricor-

Indulgentiam, ✝ absolutionem et remissionem peccatorum nostrorum tribuat nobis omnipotens et misericors Dominus. R. Amen.

dieux nous accorde le pardon, l'absolution et la rémission de nos péchés.

R. Amen.

Deus, tu conversus vivificabis nos, ℣. Et plebs tua lætabitur in te.

Mon Dieu, tournez vos regards vers nous, et vous nous donnerez une nouvelle vie ; R. Et votre peuple se réjouira en vous.

Ostende nobis, Domine, misericordiam tuam, R. Et salutare tuum da nobis.

Faites-nous sentir, Seigneur, les effets de votre miséricorde; R. Et accordez-nous le salut qui vient de vous.

Domine, exaudi orationem meam, R. Et clamor meus ad te veniat.

Seigneur, daignez écouter ma prière; R. Et que mes cris pénètrent jusqu'à vous.

Dominus vobiscum, R. Et cum spiritu tuo.

Le Seigneur soit avec vous, R. Et avec votre esprit.

Lorsque le Prêtre monte à l'Autel.

Aufer à nobis, quæsumus, Domine, iniquitates nostras, ut ad Sancta Sanctorum puris mereamur mentibus introire; Per Christum Dominum nostrum.

Amen.

Nous vous supplions, Seigneur, d'effacer et de détruire nos iniquités, afin que nous nous approchions du Saint des Saints avec une entière pureté de cœur et d'esprit; par notre Seigneur Jésus-Christ.

Amen.

Lorsque le Prêtre baise l'Autel :

Nous vous prions, Seigneur, par les mérites des saints dont les reliques sont dans ce saint Temple, et de tous les Saints, de daigner me pardonner mes péchés. Amen.

Oramus te, Domine, per merita sanctorum tuorum, quorum Reliquiæ hîc sunt, et omnium sanctorum, ut indulgere digneris omnia peccata mea. Amen.

BÉNÉDICTION DE L'ENCENS.

Daignez, ô mon Dieu, bénir cet encens qui va brûler en votre honneur. Amen.

Ab illo benedicaris, in cujus honore cremaberis. Amen.

INTROÏT.

Je donnerai aux pauvres de Sion du pain en abondance : je revêtirai ses prêtres de sainteté, je ferai que ses ministres chanteront mes louanges avec des transports de joie. *Ps.* Souvenez-vous, Seigneur, de David et de son extrême douceur.

℣. Gloire. Je donnerai.

Pauperes Sion saturabo panibus : sacerdotes ejus induam salutari, et sancti ejus exultatione exultabunt. (*Ps.* 131.) Memento, Domine, David : et omnis mansuetudinis ejus.

℣. Gloria. Pauperes. *Psal.* 131.

Après l'introït, le Prêtre et les assistans disent trois fois alternativement :

Seigneur, ayez pitié de nous.

Kyrie, eleison.

Christe, eleison. | Jésus, ayez pitié de nous.
Kyrie, eleison. | Seigneur, ayez pitié de nous.

Le Gloria in excelsis *ne se dit point en différens temps de l'année, ni aux messes pour les morts.*

Gloria in excelsis Deo : Et in terrâ pax hominibus bonæ voluntatis. Laudamus te. Benedicimus te. Adoramus te. Glorificamus te. Gratias agimus tibi propter magnam gloriam tuam : Domine Deus, Rex cœlestis, Deus Pater omnipotens; Domine Fili unigenite; Jesu Christe; Domine Deus, Agnus Dei, Filius Patris. Qui tollis peccata mundi, miserere nobis. Qui tollis peccata mundi, suscipe deprecationem nostram. Qui sedes ad dexteram Patris, miserere nobis. Quoniam tu solus sanctus; Tu solus Dominus; Tu solus Altissimus, Jesu Christe, cum sancto Spiritu, in gloriâ Dei Patris. Amen.

Gloire à Dieu dans le Ciel : et paix sur la terre aux hommes de bonne volonté. Nous vous louons. Nous vous bénissons. Nous vous adorons. Nous vous glorifions. Nous vous rendons grâces dans la vue de votre gloire infinie : Seigneur Dieu, souverain Roi du ciel, ô Dieu, Père tout-puissant; Seigneur Jésus-Christ, fils unique de Dieu : Seigneur Dieu, Agneau de Dieu, Fils du Père; vous qui effacez les péchés du monde, ayez pitié de nous. Vous qui effacez les péchés du monde, recevez notre humble prière. Vous qui êtes assis à la droite du Père, ayez pitié de nous. Car vous êtes le seul Saint, le seul Seigneur, le seul Très-Haut, ô J.-C., avec le S. Esprit, dans la gloire de Dieu le Père. Amen.

℣. Le Seigneur soit avec vous, ℟. Et avec votre esprit.

℣. Dominus vobiscum, ℟. Et cum spiritu tuo.

Le prêtre récite la Collecte.

O Dieu, qui par le bienheureux Vincent, avez assemblé une nouvelle famille dans votre Eglise pour y travailler au salut des pauvres, et au maintien de la discipline dans le clergé; faites par votre grâce, nous vous en supplions, qu'animés du même esprit de ferveur et de zèle, nous aimions ce qu'il a aimé, et que nous pratiquions ce qu'il a enseigné. Nous vous le demandons par notre Seigneur Jésus-Christ votre fils, qui, étant Dieu, vit et règne avec vous en l'unité du même saint Esprit, dans tous les siècles des siècles.

℟. Ainsi soit-il.

Deus, qui ad salutem pauperum et cleri disciplinam, novam in Ecclesiâ tuâ per Beatum Vincentium familiam congregasti; da, quæsumus, ut eodem nos quoque spiritu ferventes, et amemus quod amavit, et quod docuit operemur. Per Dominum nostrum Jesum Christum filium tuum, qui tecum vivit et regnat in unitate ejusdem Spiritûs sancti Deus, per omnia sæcula sæculorum.

℟. Amen.

Leçon de l'épître de l'apôtre saint Paul aux Corinthiens.

Lectio epistolæ beati Pauli apostoli ad Corinthios (1. Cor.).

Voyez, mes frères, la

Videte vocationem

vestram, fratres, quia non multi sapientes secundùm carnem, non multi potentes, non multi nobiles; sed quæ stulta sunt mundi elegit Deus, ut confundat sapientes et infirma mundi elegit Deus, ut confundat fortia : et ignobilia mundi, et contemptibilia elegit Deus, et ea quæ non sunt, ut ea quæ sunt destrueret : ut non glorietur omnis caro in conspectu ejus. Ex ipso autem vos estis, in Christo Jesu, qui factus est nobis sapientia à Deo, et justitia, et sanctificatio, et redemptio : ut, quemadmodùm scriptum est, qui gloriatur, in Domino glorietur. Et ego cùm venissem ad vos, fratres, veni non in sublimitate sermonis aut sapientiæ annuntians vobis testimonium Christi. Non enim judicavi, me scire aliquid inter vos, nisi Jesum Christum, et hunc crucifixum,

conduite que Dieu a tenue en vous appelant à la foi. Parmi vous, il n'y en a pas beaucoup de sages selon la chair; il n'y en a pas beaucoup d'élevés en puissance; il n'y en a pas beaucoup de nobles. Mais Dieu a choisi ceux que le monde traite d'insensés, afin de confondre les sages; il a choisi les faibles pour confondre les puissans; et il s'est servi de ceux qui étaient vils et méprisables selon le monde, et de ceux qui n'étaient rien, pour détruire ce qui était grand, afin que personne ne se glorifie devant lui. C'est par cette voie que vous avez été incorporés en Jésus-Christ, qui nous a été donné de Dieu pour être notre sagesse, notre justice, notre sainteté et notre rédemption, afin que, selon ce qui est écrit, celui qui se glorifie se glorifie en Dieu. Pour moi, mes frères, lorsque j'ai été vers vous pour vous annoncer la doctrine de Jésus-Christ, je n'ai point employé les discours élevés de l'éloquence et de la sagesse humaine; car je n'ai prétendu savoir autre chose parmi vous que Jésus-Christ et Jésus-Christ crucifié.

R. Rendons grâces à Dieu.

R. Deo gratias.

Le Seigneur m'a envoyé pour annoncer l'Evangile aux pauvres, et pour guérir ceux qui ont le cœur brisé.

Evangelizare pauperibus misit me, sanare contritos corde. (*Eccl.* 4. 18.)

℣. C'est votre bonté, ô mon Dieu, qui a préparé aux pauvres le soulagement dont il a besoin. Le Seigneur fera parler avec force et efficacité ceux qu'il enverra porter sa parole.

℣. Parasti in dulcedine tuâ pauperi, Deus: Dominus dabit verbum evangelizantibus virtute multâ. (*Ps.* 67, 11.)

Louons Dieu, louons Dieu.

Alleluia, alleluia.

℣. Que les pieds de celui qui annonce et qui prêche la paix sur les montagnes sont beaux, de celui qui apporte la bonne nouvelle et qui prêche le salut!

Louons Dieu.

℣. Quàm pulchri super montes pedes annuntiantis bonum, prædicantis bonum, prædicantis salutem.

Alleluia.

Avant l'Évangile, le prêtre dit au milieu de l'autel:

Purifiez mon cœur et mes lèvres, Dieu tout-

Munda cor meum ac labia mea, omnipotens Deus, qui labia Isaiæ Prophetæ calculo mundasti ignito : ita me tuâ gratâ miseratione dignare mundare, ut sanct. Evangelium tuum dignè valeam nuntiare ; per Christum Dominum nostrum.

puissant, qui avez purifié les lèvres du prophète Isaïe avec un charbon ardent : daignez, par un effet de votre miséricorde envers moi, me purifier de telle sorte, que je puisse annoncer dignement votre saint Evangile ; par Jésus-Christ N. S.

Le Diacre dit : Jube, Domine, benedicere.

Dominus sit in corde meo et in labiis meis, ut dignè et competenter annuntiem Evangelium suum. Amen.

Que le Seigneur soit en mon cœur et sur mes lèvres, afin que j'annonce dignement son saint Evangile. Amen.

BÉNÉDICTION DE L'ENCENS.

Ab illo benedicaris in cujus honore cremaberis. Amen.

Daignez, ô Dieu, bénir cet encens qui va brûler en votre honneur. Ainsi soit-il.

Sequentia Sancti Evangelii secundum Matthæum. (9. 35. 6

Suite du saint Evangile selon saint Matthieu.

In illo tempore : Circuibat Jesus omnes civitates et castella, docens in synagogis eorum, et prædicans Evangelium regni, et curans omnem languorem, et omnem infir-

En ce temps-là : Jésus parcourait toutes les villes et les villages, enseignant dans leurs synagogues, et prêchant l'Evangile du royaume, il guérissait toutes les infirmités. Alors, touché de compassion pour cette multitude de peuple languissante et dispersée comme des brebis qui n'ont point de pasteurs, il dit à ses disciples : La moisson est grande, mais il y a peu d'ouvriers. Priez donc le Seigneur qu'il envoie des ouvriers dans sa moisson.

mitatem; videns autem turbas, misertus est, quia erant vexati et jacentes sicut oves non habentes pastorem. Tunc dicit discipulis suis : Messis quidem multa, operaii autem pauci. Rogate ergo Dominum messis, ut mittat operarios in messem suam.

Après l'Évangile le prêtre dit :

Que nos péchés soient effacés par les paroles du Saint Evangile.

Per evangelica dicta deleantur nostra delicta. Amen.

Le Symbole suivant étant une profession de foi, on doit le réciter debout.

Je crois en un seul Dieu le père tout-puissant, qui a fait le ciel et la terre, toutes les choses visibles et invisibles. Je crois en un seul Seigneur Jésus-Christ, fils unique de Dieu ; qui est né du père avant tous les siècles : Dieu de Dieu, lumière de lumière, vrai Dieu de vrai Dieu. Qui n'a pas été fait, mais engendré, consubstantiel au Père, par qui tout a été fait. Qui est descen-

Credo in unum Deum, patrem, omnipotentem, factorem cœli et terræ, visibilium omnium et invisibilium. Et in unum Dominum Jesum Christum, filium Dei unigenitum; et ex Patre natum ante omnia sœcula; Deum de Deo, lumen de lumine, Deum verum de Deo vero. Genitum, non factum, consubstantialem Patri, per quem omnia facta sunt. Qui propter nos homines et propter nostram salutem descendit de cœlis. Et incarnatus est de Spiritu Sancto ex Mariâ Virgine; ET HOMO FACTUS EST. Crucifixus etiam pro nobis, sub Pontio Pilato passus et sepultus est. Et resurrexit tertiâ die secundùm Scripturas. Et ascendit in cœlum, sedet ad dexteram Patris. Et iterum venturus est cum gloriâ judicare vivos et mortùos; cujus regni non erit finis. Et in Spiritum Sanctum Dominum, et vivificantem: qui ex Patre filioque procedit, qui cum Patre et filio simul adoratur, et conglorificatur; qui locutus est per prophetas. Et unam, Sanctam, Catholicam et apostolicam Ecclesiam. Confiteor unum Baptisma in remissionem peccatorum. Et expecto resurrectionem mortuorum; et vitam venturi sæculi. Amen.

du des cieux pour nous autres hommes, et pour notre salut. Qui s'est incarné en prenant un corps dans le sein de la Vierge Marie par l'opération du Saint-Esprit, ET QUI S'EST FAIT HOMME. Qui a été crucifié pour nous; qui a souffert sous Ponce-Pilate, et qui a été mis dans le tombeau. Qui est ressuscité le troisième jour selon les Ecritures. Qui est monté au ciel, où il est assis à la droite du Père. Qui viendra de nouveau, plein de gloire, juger les vivans et les morts; et dont le règne n'aura point de fin. Je crois au Saint-Esprit, qui est aussi Seigneur, et qui donne la vie; qui procède du Père et du Fils. Qui est adoré et glorifié conjointement avec le père et le fils; qui a parlé par les prophètes. Je crois l'Eglise qui est une, sainte, catholique et apostolique: Je confesse qu'il y a un Baptême pour la rémission des péchés. J'attends la résurrection des morts, et la vie du siècle à venir. Amen.

Le Prêtre dit l'Offertoire.

Que le Seigneur notre Dieu incline nos cœurs vers lui, afin que nous marchions dans toutes ses voies, et que nous gardions ses préceptes, ses cérémonies et toutes les ordonnances qu'il a prescrites à nos pères.

Inclinet Dominus Deus noster corda nostra ad se ut ambulemus in universis viis ejus, et custodiamus mandata ejus, et ceremonias ejus; et judicia quæcumque mandavit patribus nostris.

(2 *Reg.* 8. 58.)

OBLATION DE L'HOSTIE.

Recevez, ô Père saint, Dieu éternel et tout-puissant, cette hostie sans tache que je vous offre, tout indigne que je suis de ce ministère. Je vous l'offre, Seigneur, comme à mon Dieu vivant et véritable, pour mes péchés, mes offenses, et mes négligences qui sont sans nombre : je vous l'offre aussi pour tous les assistans et même pour tous les fidèles chrétiens vivans et morts, afin qu'elle serve à eux et à moi pour le salut éternel. Amen.

Suscipe, sancte Pater omnipotens, æterne Deus, hanc immaculatam hostiam, quam ego, indignus famulus tuus, offero tibi Deo meo vivo et vero, pro innumerabilibus peccatis, et offensionibus et negligentiis meis, et pro omnibus circumstantibus, sed et pro omnibus fidelibus christianis, vivis atque defunctis; ut mihi et illis proficiat ad salutūm in vitam æternam. Amen.

Le Prêtre met le vin et l'eau dans le Calice, et dit:

Deus, qui humanæ substantiæ dignitatem mirabiliter condidisti, et mirabiliùs reformasti; da nobis, per hujus aquæ et vini mysterium, ejus divinitatis esse consortes, qui humanitatis nostræ fieri dignatus est particeps, Jesus-Christus filius tuus, Dominus noster; Qui tecum vivit et regnat in unitate Spiritûs sancti Deus, etc.

O Dieu, qui par un effet admirable de votre puissance, avez créé l'homme dans un haut dégré d'excellence, et qui par un prodige encore plus surprenant, avez daigné réparer cet ouvrage de vos mains après sa chute : donnez-nous, par le mystère que ce mélange d'eau et de vin nous représente, la grâce de participer à la divinité de Jésus-Christ votre fils, qui a bien voulu se revêtir de notre humanité; lui qui étant Dieu.

Oblation du Calice.

Offerimus tibi, Domine, calicem salutaris, tuam deprecantes clementiam ut in conspectu divinæ majestatis tuæ, pro nostrâ et totius mundi salute, cum odore suavitatis ascendat.

Amen.

In spiritu humilitatis, et in animo contrito succipiamur à te, Domine; et sic fiat sacrificium nostrum in

Nous vous offrons, Seigneur, le calice du salut, en conjurant votre bonté de le faire monter, comme un parfum d'une agréable odeur, jusqu'au trône de votre divine majesté, pour notre salut et celui de tout le monde. Ainsi soit-il.

Nous nous présentons devant vous, Seigneur, avec un esprit humilié et un cœur contrit : recevez-nous, et faites que notre sacrifice s'accomplisse aujourd'hui devant vous d'une manière qui vous le rende agréable, ô Seigneur notre Dieu.

conspectu tuo hodie, ut placeat tibi, Domine Deus.

Venez, sanctificateur tout-puissant, Dieu éternel, et bénissez ce sacrifice destiné pour rendre gloire à votre saint nom.

Veni, sanctificator omnipotens, æterne Deus, et benedic hoc sacrificium tuo sancto nomini præparatum.

BÉNÉDICTION DE L'ENCENS.

Que par l'intercession du bienheureux archange qui est debout à la droite de l'autel des parfums, et par la prière de tous ses élus, le Seigneur daigne bénir cet encens, et le recevoir comme un parfum d'une odeur agréable ; par Jésus-Christ notre Seigneur. ℟. Amen.

Per intercessionem beati archangeli stantis à dextris altaris incensi, et omnium electorum suorum, dignetur Dominus incensum istud benedicere, et in odorem suavitatis accipere ; per Christum.

Le Célébrant encense le pain et le vin offerts, et dit :

Que cet encens que vous avez béni, monte vers vous, Seigneur ; et que votre miséricorde descende sur nous.

Incensum istud à te benedictum, ascendat ad te, Domine ; et descendat super nos misericordia tua.

Il encense l'Autel, en disant :

℣. Dirigatur, Domine, oratio mea sicut incensum in conspectu tuo : elevatio manuum mearum sacrificium vespertinum. Pone, Domine, custodiam ori meo, et ostium circumstantiæ labiis meis. Non declines cor meum in verba malitiæ, ad excusandas excusationes in peccatis.

Que ma prière, Seigneur, s'élève vers vous comme la fumée de l'encens : que l'élévation de mes mains vous soit agréable comme le sacrifice du soir. Mettez, Seigneur, une garde à ma bouche, et une porte à mes lèvres. Ne permettez point que mon cœur se laisse aller à des paroles de malice, pour chercher des excuses à mes péchés.

Rendant l'encensoir au Diacre, il dit :

Accendat in nobis Dominus ignem sui amoris, et flammam æternæ caritatis. Amen.

Que le Seigneur allume en nous le feu de son amour, et qu'il nous enflamme d'une charité éternelle. Amen.

Le Prêtre lave ses doigts.

Lavabo, inter innocentes, manus meas ; et circumdabo altare tuum, Domine, ut audiam vocem laudis, et enarrem universa mirabilia tua. Domine, dilexi decorem domûs tuæ, et locum habitationis glo-

Je laverai mes mains avec les justes, et je m'approcherai de votre autel, Seigneur ; afin d'entendre publier vos louanges, et de raconter moi-même toutes vos merveilles. J'aime la beauté de votre maison, Seigneur, et le lieu où réside votre gloire. O Dieu, ne me confondez pas avec les impies, et ne me traitez pas comme les homicides. Leurs mains sont accoutumées à l'injustice, et ils se laissent séduire par les présens. Pour moi, j'ai marché dans l'innocence : rachetez-moi donc, Seigneur, et prenez pitié de moi. Mes pieds se sont arrêtés dans la voie de la justice : je vous bénirai, Seigneur, dans les assemblées des fidèles Gloire au Père, et au Fils et au Saint Esprit : à présent et toujours comme dès le commencement ; et dans tous les siècles des siècles.

riæ tuæ. Ne perdas cum impiis, Deus, animam meam, et cum viris sanguinum vitam meam. In quorum manibus iniquitates sunt, dextera eorum repleta est muneribus. Ego autem in innocentiâ meâ ingressus sum : redime me, et miserere meî. Pes meus stetit in directo : in ecclesiis benedicam te, Domine. Gloria patri, et filio, et spiritui sancto ; Sicut erat in principio, et nunc et semper, et in sæcula sæculorum. Amen.

Le Prêtre s'incline au milieu de l'Autel, et dit :

Recevez, ô Trinité sainte, l'oblation que nous vous présentons en mémoire de la passion, de la résurrection et de l'ascension de Jésus-Christ notre Seigneur ; en l'honneur de la bienheureuse Marie toujours vierge, de saint Jean-Baptiste, des apôtres saint Pierre et saint

Suscipe, sancta Trinitas, hanc oblationem quam tibi offerimus ob memoriam passionis, resurrectionis, et ascensionis Jesu Christi Domini nostri, et in honorem beatæ Mariæ semper virginis, et beati Joannis Baptistæ, et sanctorum apostolorum Petri et Pauli, et istorum, et omnium sanctorum; ut illis proficiat ad honorem, nobis autem ad salutem, et illi pro nobis intercedere dignentur in cœlis, quorum memoriam agimus in terris; Per eumdem, etc.

Paul, des saints dont les reliques sont ici, et de tous les autres saints, afin qu'ils y trouvent leur gloire, et nous notre salut, et que ceux dont nous honorons la mémoire sur la terre, daignent intercéder pour nous dans le ciel; Par le même Jésus-Christ notre Seigneur. Amen.

Il se tourne vers les assistans, et dit :

Orate, fratres, ut meum ac vestrum sacrificium acceptabile fiat apud Deum Patrem omnipotentem.

R. Suscipiat Dominus hoc sacrificium de manibus tuis, ad laudem et gloriam nominis sui, ad utilitatem quoque nostram, totiusque Ecclesiæ suæ sanctæ.

Priez, mes frères, que mon sacrifice, qui fest aussi le vôtre, soit favorablement reçu de Dieu le Père tout-puissant.

R. Que le Seigneur reçoive par vos mains ce sacrifice pour l'honneur et la gloire de son nom, pour notre utilité particulière, et pour le bien de toute son Église sainte.

Le Prêtre répond Amen, *et récite la Secrète, qu'il finit ainsi :*

Deus, qui beato Vincentio divina quotidie celebranti mysteria tribuisti quod tractabat imitari; ejus nobis precibus indulge, ut

Seigneur, qui avez fait la grâce au bienheureux Vincent d'imiter assidûment les divins mystères qu'il célébrait tous les jours, accordez-nous par ses prières que, vous offrant l'hostie sans tache, nous devenions nous-mêmes un holocauste agréable à vos yeux. Nous vous le demandons par notre Seigneur Jésus-Christ, votre fils, qui, étant Dieu, vit et règne avec vous en l'unité du saint Esprit.

immaculatam hostiam offerentes, ipsi quoque in holocaustum tibi acceptum transeamus. Per Dominum nostrum Jesum Christum filium tuum, qui tecum vivit et regnat in unitate spiritûs sancti Deus.

Dans tous les siècles des sièles. R. Amen.

Per omnia sæcula sæculorum. R. Amen.

Le Seigneur soit avec vous, R. Et avec votre esprit.

Dominus vobiscum, R. Et cum spiritu tuo

Elevez vos cœurs.

Sursum corda.

R. Nous les avons élevés vers le Seigneur.

R. Habemus ad Dominum.

Rendons grâces au Seigneur notre Dieu.

Gratias agamus Domino Deo nostro.

R. Il est juste et raisonnable.

R. Dignum et justum est.

Préface ordinaire.*

Il est véritablement juste et raisonnable, il est équitable et salutaire de vous rendre grâces par notre Seigneur J.-C. toujours et en tout lieu, ô Seigneur très-saint, Père tout-puissant, Dieu éternel : c'est par J.-C. que les anges louent vo-

Vere dignum es justum est, æquum et salutare, nos tibi semper et ubique gratias agere, Domine sancte, Pater omnipotens, æterne Deus, per Christum Dominum nostrum. Per quem Majestatem tuam lau-

* Certaines préfaces propres sont à la suite de la messe. Mais pour saint Vincent, il faut dire celle de tous les saints.

dant Angeli, adorant Dominationes, tremunt Potestates : cœli cœlorumque Virtutes, ac beata Seraphim, sociâ exultatione concelebrant. Cum quibus et nostras voces ut admitti jubeas deprecamur, supplici confessione dicentes :

tre Majesté suprême, que les Dominations l'adorent, que les Puissances la craignent et la révèrent, et que les cieux, les Vertus des cieux, et la troupe bienheureuse des Séraphins célèbrent ensemble votre gloire dans les transports d'une sainte joie. Faites, Seigneur, que nous unissions nos voix à celles de ces esprits bienheureux, pour chanter avec eux, prosternés devant vous :

Sanctus, Sanctus, Sanctus Dominus Deus sabaoth. Pleni sunt cœli et terra gloriâ tuâ. Hosanna in excelsis. Benedictus qui venit in nomine Domini. Hosanna in excelcis.

Saint, Saint, Saint est le Seigneur, le Dieu des armées. Votre gloire remplit les cieux et la terre. Hosanna au plus haut des cieux. Béni soit celui qui vient au nom du Seigneur. Hosanna à celui qui habite au plus haut des cieux.

LE CANON DE LA MESSE.

Te igitur clementissime Pater, per Jesum Christum Filium tuum Dominum nostrum, supplices rogamus ac petimus, uti accepta habeas, et benedicas

Nous vous supplions donc, Père très-miséricordieux, et nous vous conjurons par N. S. J. C. votre fils, d'agréer et de bénir ces dons, ces offrandes, ces sacrifices purs et sans tache, que nous vous offrons pour votre sainte Eglise catholique; afin qu'il vous plaise de lui donner la paix, de la conserver, de la maintenir dans l'union, et de la gouverner par toute la terre, et avec elle votre serviteur N. notre Pape, notre Evêque N. et notre Roi N., enfin tous ceux qui sont orthodoxes, et qui font profession de la foi catholique et apostolique.

hæc dona, hæc munera, hæc sancta sacrificia illibata, imprimis quæ tibi offerimus pro Ecclesiâ tuâ sanctâ catholicâ, quam pacificare, custodire, adunare, et regere digneris toto orbe terrarum, una cum famulo tuo Papa nostro N. et Antistite notro N. et Rege nostro N. et omnibus orthodoxis atque catholicæ et apostolicæ fidei cultoribus.

MÉMOIRE DES VIVANS.

Souvenez-vous, Seigneur, de vos serviteurs et de vos servantes N. et N. et de tous ceux

Ici on fait mémoire de ceux pour qui l'on veut prier.

qui sont ici présens, dont vous connaissez la foi et la piété, pour qui nous vous offrons ce sacrifice de louange, ou qui vous l'offrent, tant pour eux-mêmes que pour ceux qui leur appartiennent; pour la rédemption de leur âmes,

Memento, Domine, famulorum famularumque tuarum N. et N. omnium circumstantium, quorum tibi fides cognita est et nota devotio, pro quibus tibi offerimus, vel qui tibi offerunt hoc sacrificium laudis, pro se suisque omnibus, pro redemptione animarum suarum, pro spe salutis et incolumitatis suæ, tibique reddunt vota sua æterno Deo, vivo et vero.

pour l'espérance de leur salut et de leur conservation, et pour vous rendre leurs hommages, comme au Dieu éternel, vivant et véritable.

Communicantes, et memoriam venerantes imprimis gloriosæ semper Virginis Mariæ Genitricis Dei et Domini nostri Jesu Christi, sed et beatorum Apostolorum ac Martyrum tuorum Petri et Pauli, Andreæ, Jacobi, Joannis, Thomæ, Jacobi, Philippi, Bartholomæi, Matthæi, Simonis et Thaddæi, Lini, Cleti, Clementis, Xisti, Cornelii, Cypriani, Laurentii, Chrysogoni, Joannis et Pauli, Cosmæ et Damiani, et omnium Sanctorum tuorum, quorum meritis precibusque concedas, ut in omnibus protectionis tuæ muniamur auxilio : Per eumdem Christum Dominum nostrum.

Etant unis de communion avec tous vos saints, nous honorons la mémoire, premièrement de la glorieuse Vierge Marie, mère de Dieu, Jésus-Christ Notre Seigneur, et de vos bienheureux Apôtres et Martyrs, Pierre, Paul, André, Jacques, Jean, Thomas, Jacques, Philippe, Barthélemi, Matthieu, Simon et Thaddée, Lin, Clet, Clément, Xyste, Corneille, Cyprien, Laurent, Chrysogone, Jean et Paul; Côme et Damien, et de tous vos saints; par les mérites et les prières desquels nous vous supplions de nous accorder en toutes choses le secours de votre protection; c'est ce que nous vous demandons par le même Jésus-Christ Notre Seigneur. Amen.

Hanc igitur obla-

Nous vous prions

donc, Seigneur, de recevoir favorablement l'hommage que nous vous rendons par cette oblation, qui est aussi celle de toute votre Eglise; accordez-nous, pendant les jours de cette vie mortelle, la paix qui vient de vous; préservez-nous de la damnation éternelle, et mettez-nous au nombre de vos élus; par notre Seigneur, etc.

tionem servitutis nostræ, sed et cunctæ familiæ tuæ quæsumus, Domine, ut placatus accipias, diesque nostros in tuâ pace disponas, atque ab æternâ damnatione nos eripi, et in electorum tuorum jubeas grege numerari; per Christum.

Nous vous prions, ô Dieu, de bénir cette oblation, de la mettre au nombre de celles que vous approuvez, de l'agréer, d'en faire un sacrifice digne d'être reçu de vous, et par lequel nous vous rendions un culte raisonnable et spirituel; en sorte qu'elle devienne pour nous le corps et le sang de votre fils bien aimé, Jésus-Christ Notre-Seigneur, qui, la veille de sa Passion, prit du pain dans ses mains saintes et vénérables, et levant les yeux au ciel vers vous, ô Dieu son père tout-puissant, vous rendit

Quam oblationem tu, Deus, in omnibus, quæsumus, benedictam, adscriptam, ratam, rationabilemque facere digneris; ut nobis Corpus et Sanguis fiat dilectissimi Filii tui Domini nostri Jesus Christi. Qui pridiè quàm pateretur, accepit panem in sanctas ac venerabiles manus suas, et, elevatis oculis in cœlum, ad te Deum Patrem suum omnipotentem, tibi gratias agens, benedixit, fregit, deditque Discipulis suis, dicens: Accipite, et manducate

ex hoc omnes : HOC EST ENIM CORPUS MEUM.

graces, et bénit ce pain, le rompit et le donna à ses disciples, en disant : prenez, et mangez-en tous : CAR CECI EST MON CORPS.

Simili modo, postquàm cœnatum est, accipens et hunc præclarum Calicem in sanctas ac venerabiles manus suas, item tibi gratias agens, benedixit deditque Discipulis suis, dicens accipite et bibite ex eo omnes : HIC EST ENIM CALIX SANGUINIS MEI, NOVI ET ÆTERNI TESTAMENTI (MYSTERIUM FIDEI) QUI PRO VOBIS ET PRO MULTIS EFFUNDETUR IN RÉMISSIONEM PECCATORUM. Hœc quotiescumquè feceritis, in meî memoriam facietis*.

De même, après qu'il eut soupé, prenant ce calice entre ses mains saintes et vénérables, il vous rendit grâces, le bénit et le donna à ses disciples, en disant : Prenez et buvez-en tous : CAR CECI EST LE CALICE DE MON SANG, LE SANG DE LA NOUVELLE ET ÉTERNELLE ALLIANCE (MYSTÈRE DE FOI), QUI SERA RÉPANDU POUR VOUS ET POUR PLUSIEURS EN RÉMISSION DES PÉCHÉS. Toutes les fois que vous ferez ces choses, vous les ferez en mémoire de moi.*

Undè et memores, Domine, nos servi tui, sed et plebs tua sancta ejusdem Christi Filii tui Domini nostri tam beatæ Passionis, nec non et ab inferis Resurrectionis,

C'est pour cela, Seigneur, que nous qui sommes vos serviteurs : et avec nous votre peuple saint, faisant mémoire de la Passion de votre fils Jésus-Christ notre Seigneur, de sa

O salutaris hostia, quæ cœli pandis ostium; Bella premunt hostilia; da robur, fer auxilium.

* O victime du salut, qui nous ouvrez le Ciel, l'ennemi nous livre de rudes combats: fortifiez-nous contre ses attaques.

résurection en sortant du tombeau, victorieux de l'enfer, et de sa glorieuse ascension au ciel, nous offrons à votre incomparable Majesté ce qui est le don même que nous avons reçu de vous, l'hostie pure, l'hostie sans tache, le pain sacré de la vie qui n'aura point de fin, et le calice du salut éternel.

sed et in cœlos gloriosæ Ascensionis; offerimus præclaræ Majestati tuæ de tuis donis ac datis hostiam puram, hostiam sanctam, hostiam immaculatam, panem sanctum vitæ æternæ, et Calicem salutis perpetuæ.

Daignez, Seigneur, regarder d'un œil favorable l'oblation que nous vous faisons de ce saint sacrifice, de cette hostie sans tache : daignez l'agréer, comme il vous a plu agréer les présens du juste Abel votre serviteur, le sacrifice de notre patriarche Abraham, et celui de Melchisédech votre Grand-Prêtre.

Super quæ propitius ac sereno vultu respicere digneris, et accepta habere, sicuti accepta habere dignatus es munera pueri tui justi Abel, et sacrificium Patriarchæ nostri Abrahæ, et quod tibi obtulit summus Sacerdos tuos Melchisedech, sanctum Sacrificium, immaculatam hostiam.

Nous vous supplions, ô Dieu tout-puissant, de commander que ces dons soient portés par les mains de votre saint ange sur votre autel sublime, en présence de votre divine Majesté, afin que tout ce que nous sommes ici, qui

Supplices te rogamus, omnipotens Deus, jube hæc perferri per manus sancti Angeli tui in sublime altare tuum, in conspectu divinæ Majestatis tuæ, ut quotquot ex hac altaris participatione, sacro-sanctum Filii tui corpus et Sanguinem sumpserimus, omni benedictione cœlesti et gratiâ repleamur; Per eumdem Christum, etc.

participant à cet autel, aurons reçu le corps et le sang de votre fils, nous soyons remplis de toutes les bénédictions et de toutes les grâces du ciel; par le même J.-C. Amen.

MÉMOIRE DES MORTS.

Memento etiam, Domine, famulorum famularumque tuarum N. et N. qui nos præcesserunt cum signo fidei, et dormiunt in sommo pacis.

Souvenez-vous aussi, Seigneur, de vos serviteurs et de vos servantes NN. qui, marqués au sceau de la foi, ont fini leur vie mortelle avant nous, pour s'endormir du sommeil de paix.

Ici on fait mémoire de ceux pour qui l'on veut prier.

Ipsis, Domine, et omnibus in Christo quiescentibus locum refrigerii, lucis et pacis, ut indulgeas deprecamur; per eumdem Christum Dominum nostrum. Amen.

Nous vous supplions, Seigneur, de leur accorder par votre miséricorde, à eux et à tous ceux qui reposent en Jésus-Christ, le lieu du rafraîchissement, de la lumière et de la paix; Par le même Jésus-Christ.

Le Prêtre frappe sa poitrine en disant :

Nobis quoque peccatoribus famulis tuis, de multitudine miserationum tuarum spe-

Pour nous, pécheurs, qui sommes vos serviteurs, et qui espérons en votre grande miséricorde, daignez nous donner part au céleste héritage avec vos saints Apôtres et Martyrs; avec Jean, Etienne, Matthias, Barnabé, Ignace, Alexandre, Marcellin, Pierre, Félicité, Perpétue, Agathe, Luce, Agnès, Cécile, Anastasie, et avec tous vos Saints : daignez nous admettre en leur sainte société, non en consultant nos mérites, mais en usant d'indulgence à notre égard; par J.-C. Notre Seigneur, par lequel vous produisez toujours, Seigneur, vous sanctifiez, vous vivifiez, vous bénissez, et vous nous donnez tous ces biens. Que par lui, avec lui, et en lui, tout honneur et toute gloire vous soient rendus, ô Dieu Père tout puissant, en l'unité du Saint-Esprit, dans tous les siècles des siècles.

R. Amen.

rantibus, partem aliquam et societatem donare digneris cum tuis sanctis Apostolis et Martyribus, cum Joanne, Stephano, Matthiâ, Barnabâ, Ignatio, Alexandro, Marcellino, Petro, Felicitate, Perpetuâ, Agathâ, Luciâ, Agnete, Cæcilia, Anastasia, et omnibus Sanctis tuis : intra quorum nos consortium, non æstimator meriti, sed veniæ, quæsumus, largitor admitte; Per Christum Dominum nostrum, per quem hæc omnia, Domine, semper bona creas, sanctificas, vivificas, benedicis, et præstas nobis. Per ipsum, et cum ipso, et in ipso est tibi Deo Patri omnipotenti, in unitate Spiritûs sancti, omnis honor et gloria. Per omnia sæcula sæculorum. R. Amen.

PRIONS.

Avertis par le commandement salutaire de

OREMUS.

Præceptis salutaribus moniti, et divinâ

institutione formati, audemus dicere.

Jésus-Christ, et conformément à l'instruction sainte qu'il nous a laissée, nous osons dire :

Pater noster, qui es in cœlis, sanctificetur nomen tuum : Adveniat regnum tuum : Fiat voluntas tua, sicut in cœlo et in terrâ : Panem nostrum quotidianum da nobis hodiè : Et dimitte nobis debita nostra, sicut et nos dimittimus debitoribus nostris : Et ne nos inducas in tentationem : ℟. Sed libera nos à malo. Amen.

Notre Père qui êtes dans les cieux, que votre nom soit sanctifié ; que votre règne arrive ; que votre volonté soit faite sur la terre comme dans le ciel : donnez nous aujourd'hui notre pain de chaque jour : et pardonnez-nous nos offenses, comme nous pardonnons à ceux qui nous ont offensés : Et ne nous abandonnez pas à la tentation : ℟. Mais délivrez-nous du mal. Amen.

Libera nos, quæsumus, Domine, ab omnibus malis præteritis, præsentibus et futuris : et intercedente beatâ et gloriosâ semper Virgine, Dei genitrice, Mariâ, cum beatis Apostolis tuis Petro et Paulo, atque Andrea, et omnibus Sanctis, da propitius pacem in diebus nostris ; ut ope misericordiæ tuæ adjuti, et à peccato simus semper liberi, et ab om-

Délivrez-nous, s'il vous plaît, Seigneur, de tous les maux passés, présens et à venir ; et par l'intercession de la bienheureuse Marie mère de Dieu, toujours vierge, et de vos bienheureux Apôtres Pierre, Paul, André, et de tous vos Saints, daignez nous faire jouir de la paix pendant le cours de notre vie mortelle ; afin qu'étant assistés du secours de votre miséricorde, nous ne soyons jamais assujettis au péché, ni agités par aucun trouble : Nous vous en prions par le même J. C. votre Fils Notre Seigneur, qui étant Dieu vit et règne avec nous en l'unité du Saint-Esprit, dans tous les siècles des siècles.

R. Amen.

ni pertubatione securi ; per eumdem Dominum nostrum Jesum Christum Filium tuum, qui tecum vivit et regnat in unitate Spiritûs Sancti Deus ; Per omnia sæcula sæculorum.

R. Amen.

Que la paix du seigneur soit avec vous,

R. Et avec votre esprit.

Pax Domini sit semper vobiscum,

R. Et cum spiritu tuo.

Que ce mélange et cette consécration du Corps et du Sang de Notre Seigneur Jésus-Christ, que nous allons recevoir, nous procure la vie éternelle. Amen.

Hæc commixtio et consecratio Corporis et Sanguinis Domini nostri Jesu Christi fiat accipientibus nobis in vitam æternam.

Agneau de Dieu, qui effacez les péchés du monde, ayez pitié de nous.

Agnus Dei qui tollis peccata mundi, miserere nobis.

Agneau de Dieu, qui effacez les péchés du monde, ayez pitié de nous.

Agnus Dei, qui tollis peccata mundi, miserere nobis.

Agneau de Dieu, qui effacez les péchés du monde, donnez-nous la paix.

Agnus Dei, qui tollis peccata mundi, dona nobis pacem.

Aux messes pour les morts, au lieu de miserere nobis *et de* dona nobis pacem, *on dit :* dona eis requiem, *et* dona eis requiem sempiternam; *et l'on omet la première oraison qui suit.*

Domine Jesu Christe, qui dixisti Apostolis tuis : Pacem relinquo vobis, pacem meam do vobis ; ne respicias peccata mea, sed fidem Ecclesiæ tuæ : eamque secundùm voluntatem tuam pacificare et coadunare digneris ; Qui vivis et regnas in sæcula sæculorum. Amen.

Seigneur Jésus-Christ qui avez dit à vos Apôtres : Je vous laisse la paix, je vous donne ma paix; n'ayez pas d'égard à mes péchés, mais à la foi de votre Église; et donnez-lui la paix et l'union dont vous voulez qu'elle jouisse : Vous qui, étant Dieu, vivez et régnez dans tous les siècles des siècles. Amen.

Domine Jesu Christe, Fili Dei vivi, qui ex voluntate Patris, cooperante Spiritu sancto, per mortem tuam mundum vivificasti : libera me per hoc sacro-sanctum Corpus et Sanguinem tuum, ab omnibus iniquitatibus meis et universis malis; et fac me tuis semper inhærere mandatis, et a te nunquam separari permittas; Qui cum eodem Deo Patre et

Seigneur Jésus-Christ, Fils du Dieu vivant, qui, par la volonté du Père, et la coopération du Saint-Esprit, avez donné la vie aux hommes en mourant pour eux, délivrez-moi par votre saint Corps et votre précieux Sang ici présens, de tous mes péchés, et de tous les autres maux; faites, s'il vous plaît, que je m'attache toujours inviolablement à votre loi, et ne permettez pas que je me sépare jamais de vous : Qui étant Dieu, vivez et régnez avec le Père et le Saint-Esprit, dans tous les siècles des siècles. Amen.

Spiritu sancto vivis et regnas in sæcula sæculorum. Amen.

Jésus-Christ mon Seigneur, que la participation de votre Corps que j'ose recevoir, tout indigne que j'en suis, ne tourne point à mon jugement et à ma condamnation ; mais que, par votre bonté, elle serve à la défense de mon corps et de mon âme ; et qu'elle soit le remède de tous mes maux : Accordez-moi cette grâce, Seigneur, qui étant Dieu, vivez et régnez en l'unité du Saint-Esprit dans tous les siècles des siècles.

Perceptio Corporis tui, Domine Jesu Christe, Quod ego indignus sumere præsumo, non mihi proveniat in judicium et condemnationem, sed pro tuâ pietate prosit mihi ad medelam percipiendam ; Qui vivis et regnas cum Deo Patre in unitate Spiritûs Sancti Deus, per omnia, etc. Amen.

Je prendrai le pain céleste, et j'invoquerai le nom du Seigneur.

Panem cœlestem accipiam, et nomen Domini invocabo.

Le Prêtre tenant l'Hostie entre ses mains, dit trois fois :

Seigneur, je ne suis pas digne de vous recevoir dans ma maison ; mais dites seulement une parole, et mon âme sera guérie.

Domine, non sum dignus ut intres sub tectum meum : sed tantùm dic verbo, et sanabitur anima mea.

Corpus Domini nostri Jesu Christi custodiat animam meam in vitam æternam. Amen.

Que le Corps de Notre Seigneur Jésus-Christ garde mon âme pour la vie éternelle. Amen.

Quid retribuam Domino, pro omnibus quæ retribuit mihi? Calicem salutaris accipiam, et nomen Domini invocabo : laudans invocabo Dominum, et ab inimicis meis salvus ero.

Que rendrai-je au Seigneur pour toutes les grâces qu'il m'a faites? Je prendrai le Calice du salut, et j'invoquerai le nom du Seigneur, en chantant ses louanges, et je serai délivré de mes ennemis.

Sanguis Domini nostri Jesu Christi custodiat animam meam in vitam æternam. Amen.

Que le Sang de Notre-Seigneur Jésus-Christ garde mon âme pour la vie éternelle. Amen.

Quod ore sumpsimus, Domine, purâ mente capiamus, et de munere temporali fiat nobis remedium sempiternum.

Faites, Seigneur, que nous conservions dans un cœur pur le Sacrement que notre bouche a reçu, et que le don qui nous est fait dans le temps nous soit un remède pour l'éternité.

Corpus tuum, Domine, quod sumpsi, et Sanguis quem potavi, adhæreat visceribus meis, et præsta ut in me non remaneat scelerum macula, quem pura et sancta refecerunt Sacramenta; Qui vivis et regnas

Que votre Corps que j'ai reçu, Seigneur, et que votre Sang que j'ai bu, s'attache à mes entrailles : faites qu'après avoir été nourri par des Sacremens si purs et si saints, il ne demeure en moi aucune souillure du péché ; accordez-moi cette grâce, Seigneur, qui vivez et régnez dans tous les siècles des siècles. Amen.

in sæcula sæculorum. Amen.

COMMUNION.

Publions les miséricordes du Seigneur, annonçons aux enfans des hommes les merveilles qu'il opère. Il rassasie l'âme affamée, il comble de biens celle qui est dans la disette.

Confiteantur Domino misericordiæ ejus, et mirabilia ejus filiis hominum, quia satiavit animam inanem et animam, esurientem satiavit bonis.

POST-COMMUNION.

Seigneur qui venez de réparer nos forces par une nourriture toute divine, faites-nous la grâce d'imiter votre cher fils, annonçant l'Evangile aux pauvres; et comme ce sont les exemples du bienheureux Vincent notre père, qui nous invitent à cette imitation, daignez accorder à son intercession ces secours dont nous avons besoin pour y parvenir. Nous vous le demandons par le même Jésus-Christ votre fils et notre Seigneur, qui, étant Dieu, vit et règne avec vous en l'unité du saint-Es-

Cœlestibus, Domine, refecti sacramentis, quæsumus, ut ad evangelizantem pauperibus filium tuum imitandum, beati Vincentii, patris nostri, sicut exemplis provocamur, ita et patrociniis adjuvemur. Per eumdem Dominum nostrum Jesum Christum filium tuum, qui tecum vivit et regnat in unitate Spiritûs sancti Deus, per omnia sæcula sæculorum.

R. Amen.

prit, dans tous les siècles des siècles.

R. Ainsi soit-il.

Après la Post-communion, le Prêtre dit :

Dominus vobiscum.

R. Et cum spiritu tuo.

Le seigneur soit avec vous.

R. Et avec votre esprit.

Ensuite il congédie l'assemblée, en disant :

Ite, missa est. R. Deo gratias.

Allez-vous-en, la messe est dite. R. Rendons grâces à Dieu.

Placeat tibi, sancta Trinitas, obsequium servitutis meæ : et presta ut sacrificium quod oculis tuæ majestatis, indignus, obtuli, tibi sit acceptabile, mihi que et omnibus pro quibus illud obtuli, sit, te miserante, propitiabile; per Christum Dominum nostrum. Amen.

Recevez favorablement, ô Trinité sainte, l'hommage et l'aveu de ma parfaite dépendance: daignez agréer le sacrifice que j'ai offert à votre divine majesté, tout indigne que j'en suis : faites par votre bonté, qu'il m'obtienne miséricorde, et à tous ceux pour qui je l'ai offert; Par J. C. notre Seigneur.

Benedicat vos omnipotens Deus, Pater, et Filius, et Spiritus sanctus. R. Amen.

Que Dieu tout-puissant, le Père, le Fils et le saint Esprit vous bénisse.

R. Ainsi soit-il.

℣. Dominus vobiscum.

R. Et cum spiritu tuo.

℣. Le Seigneur soit avec vous,

R. Et avec votre esprit.

Le commencement du saint Évangile selon saint Jean.

Au commencement était le Verbe, et le Verbe était en Dieu, et le Verbe était Dieu. Il était dès le commencement en Dieu. Toutes choses ont été faites par lui; et rien de ce qui a été fait n'a été fait sans lui. Dans lui était la vie, et la vie était la lumière des hommes: et la lumière luit dans les ténèbres, et les ténèbres ne l'ont point comprise. Il y eut un homme envoyé de Dieu, qui s'appelait Jean. Il vint pour rendre témoignage de la lumière, afin que tous crussent par lui; il n'était pas la lumière, mais il vint pour rendre témoignage de celui qui est la lumière. C'était la vraie lumière qui éclaire tout homme venant en ce monde. Il était dans le monde, et le monde a été fait par lui, et le monde ne l'a point connu. Il est venu chez soi, et les siens ne l'ont point reçu. Mais il a

In principio erat Verbum, et Verbum erat apud Deum, et Deus erat Verbum. Hoc erat in principio apud Deum. Omnia per ipsum facta sunt; et sine ipso factum est nihil quod factum est. In ipso vita erat, et vita erat lux hominum; et lux in tenebris lucet, et tenebræ eam non comprehenderunt. Fuit homo missus à Deo, cui nomen erat Joannes. Hic venit in testimonium; ut testimonium perhiberet de lumine: ut omnes crederent per illum. Non erat ille lux, sed ut testimonium perhiberet de lumine. Erat lux vera quæ illuminat omnem hominem venientem in hunc mundum. In mundo erat; et mundus per ipsum factus est, et mundus eum non cognovit. In propriâ venit, et sui eum non receperunt. Quotquot autem receperunt eum, dedit eis potestatem filios Dei fieri, his qui credunt in nomine ejus; qui non ex sanguinibus, neque ex voluntate carnis neque ex voluntate viri, sed ex Deo nati sunt. ET VERBUM CARO FACTUM EST, et habitavit in nobis, et vidimus gloriam ejus, gloriam quasi Unigeniti à Patre, plenum gratiæ et veritatis. ℟. Deogratias.

donné à tous ceux qui l'ont reçu le pouvoir d'être faits enfans de Dieu, à ceux qui croient en son nom, qui ne sont point nés du sang ni des désirs de la chair, ni de la volonté de l'homme, mais de Dieu même. ET LE VERBE S'EST FAIT CHAIR, et il a habité parmi nous, plein de grâce et de vérité, et nous avons vu sa gloire qui est la gloire du Fils unique du Père. ℟. Rendons grâces à Dieu.

PRIÈRE

APRÈS LA MESSE.

JE vous remercie, ô mon Dieu, de la grâce que vous m'avez faite d'assister aujourd'hui au saint sacrifice, quoique j'en fusse indigne. Pardonnez-moi les égaremens de mon imagination. Quand sera-ce que j'apporterai à un si saint Mystère toutes les dispositions qu'il demande? Que ce sacrifice me purifie pour le passé, et me fortifie pour le présent et l'avenir; qu'il brise la dureté de nos cœurs, et que pénétré de componction, je m'en retourne plein du désir de ne vivre et mourir qu'en vous, pour ressusciter avec vous. Amen.

A la messe votive, dans le cours de l'année, on dit comme au jour, excepté le Gloria in excelsis *et le* Credo, *et on ajoute les oraisons que demandent le temps et le jour.*

Après la Septuagésime, à la place de l'alleluia *et du verset suivant, on dit le trait qui suit :*

TRAIT.

℣. Il a ouvert sa main à l'indigent : il a étendu ses bras vers le pauvre.	℣. Manum suam aperuit inopi : et palmas suas extendit ad pauperem. (*Prov.* 31.20.)
℣. Heureux celui que sa compassion rend attentif aux besoins du pauvre : dans les jours de l'adversité, le Seigneur viendra à son secours.	℣. Beatus qui intelligit super egenum et pauperem; in die malâ liberabit eum Dominus. (*Ps.* 40.)
℣. Heureux l'homme qui est compatissant, qui prête aux pauvres, qui règle ses discours avec prudence; jamais rien ne l'ébranlera.	℣. Jucundus homo qui miseretur et commodat disponet sermones suos in judicio: quia in æternum non commovibetur. (*Ps.*.3)

Dans le temps pascal, à la place du graduel, on dit :

Louons le Seigneur, louons le Seigneur.	Alleluia, alleluia.
℣ Que les pieds de celui qui annonce et prêche la paix sur les montagnes sont beaux; de ce-	Quam pulchri super montes pedes annuntiantis et prædicantis pacem, an-

nuntiantis bonum prædicantis salutem !
Alleluia.

lui qui apporte la bonne nouvelle et qui prêche le salut ! Louons le Seigneur.

℣. Exite de medio Babylonis mundamini, qui fertis vasa Domini. Alleluia.

℣ Sortez du milieu de Babylone : purifiez-vous, vous qui portez les vases du Seigneur.
Louons le Seigneur.

Le 27 septembre, on dit le Gloria in excelsis.

PRÉFACES.

POUR LE TEMPS PASCAL.

Il est véritablement juste et raisonnable, il est équitable et salutaire de vous louer toujours, mais principalement et avec plus de pompe, dans ce saint temps, auquel Jésus-Christ notre Agneau pascal s'est immolé pour nous. Car il est véritablement cet Agneau qui a ôté les péchés du monde; qui a détruit notre mort par la sienne, et nous a rendu la vie par sa résurrection. C'est pourquoi, etc.

POUR L'ASCENSION.

Il est véritablement juste et raisonnable, il est équitable et salutaire de vous rendre grâces en tout temps et en tout lieu, Seigneur très-saint, Père tout-puissant, Dieu éternel, par Jésus-Christ notre Seigneur, qui, après sa résurrection, s'est fait voir à tous ses disciples, et en leur présence est monté au Ciel, pour nous rendre participans de sa divinité. C'est pourquoi nous nous unissons aux anges et aux archanges, aux trônes, aux dominations, et à toute l'armée céleste, pour chanter un cantique à votre gloire, en disant sans cesse : Saint, etc.

POUR LA PENTECOTE.

Il est véritablement juste et raisonnable, il est équitable et salutaire de vous rendre grâces en tout temps et en tout lieu, Seigneur très-saint, Père tout-puissant, Dieu éternel, par Jésus-Christ notre Seigneur, qui étant monté au plus haut des Cieux, et s'étant assis à votre droite, a répandu sur ses enfans d'adoption le Saint-Esprit qu'il avait promis. C'est ce qui fait la joie de tous ceux qui sont répandus sur la terre, pendant que les vertus du Ciel et les puissances angéliques chantent un cantique à votre gloire, en disant sans cesse : Saint, Saint, etc.

DE LA SAINTE TRINITÉ.

Il est véritablement juste et raisonnable, il est équitable et salutaire de vous rendre grâces en tout temps et en tout lieu, Seigneur très-saint, Père tout-puissant, Dieu éternel, qui avec votre fils unique et le Saint-Esprit, êtes un seul Dieu et un seul Seigneur, non en ne faisant qu'une seule personne, mais trois personnes en une même substance. Car ce que vous nous avez révélé de votre gloire, nous le croyons aussi sans aucune différence de votre fils et du Saint-Esprit; en sorte que, confessant une véritable et éternelle divinité, nous adorons la propriété dans les personnes, l'unité dans l'essence, et l'égalité dans la majesté. C'est vous qui êtes loué des anges et des archanges, des chérubins et des séraphins, qui ne cessent de chanter d'une voix unanime : Saint, etc

DU SAINT SACREMENT.

Il est véritablement juste et raisonnable, il est équitable et salutaire de vous rendre grâces en tout temps et en tout lieu, Seigneur très-saint, Père tout-puissant, Dieu éternel, par Jésus-Christ notre Seigneur, qui, en abolissant les victimes charnelles et figuratives, nous a laissé pour vrai et unique sacrifice celui de son corps et de son sang; afin qu'en tout lieu l'on offre à votre nom l'oblation pure et sans tache, la seule qui ait jamais été agréable à votre divine majesté. C'est dans ce mystère de sagesse impénétrable et de son immense charité, qu'il ne cesse de renouveler, par un miracle de sa puissance, le sacrifice qu'il a consommé une seule fois sur l'arbre de la croix; sacrifice dont il est en même temps le prêtre et la victime. Et pour nous, qu'il a rendus une même hostie avec lui, il nous invite à cette table sacrée où nous sommes nourris de sa propre chair; où nous renouvelons la mémoire de sa Passion; où nos âmes sont remplies de sa grâce; où nous recevons le précieux gage de la gloire future. C'est pourquoi nous nous unissons aux anges et aux archanges, aux trônes, aux dominations, et à toute l'armée céleste, pour chanter un cantique à votre gloire, en disant sans cesse: Saint, etc.

DE LA DÉDICACE.

Il est véritablement juste et raisonnable, il est équitable et salutaire de vous rendre grâces en tout temps et en tout lieu, Seigneur très-saint, Père tout-puissant, Dieu éternel, qui aimant à répandre avec largesse les dons dont vous êtes l'auteur, daignez habiter cette maison de prières que nos mains ont élevée à l'honneur de votre nom; et qui ne cessez de sanctifier par votre grâce l'Eglise dont vous êtes vous-même le fondateur et l'architecte. L'Eglise en effet est véritablement cette maison de prières dont nos édifices matériels ne sont que la figure: elle est le temple où réside votre gloire; elle est le siége de l'inaltérable vérité; elle est le sanctuaire de l'éternelle charité. L'Eglise est l'arche qui nous garantit du déluge et de la corruption du monde, et qui nous conduit au port du salut éternel. Elle est cette épouse chérie et unique que Jésus-Christ a acquise par son sang, qu'il vivifie par son esprit. C'est dans son sein que nous sommes régénérés par votre grâce, nourris du lait de la parole, fortifiés du pain de la vie, et soutenus par les dons continuels de votre miséricorde. C'est elle qui, par le secours de son divin époux, combat fidèlement sur la terre, et reçoit éternellement de lui dans le Ciel la couronne que ses combats lui ont fait mériter. C'est pourquoi, etc.

POUR LES FÊTES DE LA SAINTE VIERGE.

Il est véritablement juste et raisonnable, il est équitable et salutaire de vous rendre grâces en tout temps et en tout lieu, Seigneur très-saint, Père tout-puissant, Dieu éternel, de vous louer, vous bénir, et vous glorifier en honorant la bienheureuse Marie toujours Vierge, qui, après avoir conçu votre fils unique par l'opération du Saint-Esprit, a mis au monde, en conservant toujours sa virginité pure et sans tache, la lumière éternelle, Jésus-Christ notre Seigneur. C'est par lui que les anges louent votre majesté suprême, que les dominations l'adorent, que les puissances la craignent et la révèrent, et que les cieux, les vertus des cieux, et la troupe bienheureuse des séraphins célèbrent ensemble votre gloire dans les transports d'une sainte joie. Faites, Seigneur, que nous unissions nos voix à celles de ces esprits bienheureux, pour chanter avec eux : Saint, etc.

POUR LA FÊTE DE TOUS LES SAINTS.

Il est véritablement juste et raisonnable, il est équitable et salutaire de vous rendre grâces en tout temps et en tout lieu, Seigneur très-saint, père tout-puissant, Dieu éternel, qui êtes glorifié dans l'assemblée des saints, et qui, en couronnant leurs mérites, couronnez vos dons; qui nous donnez dans la vie sainte qu'ils ont menée, les modèles que nous avons à suivre; dans la communication avec eux, une association qui tourne à notre avantage; dans leur intercession pour nous, des protecteurs sensibles à nos besoins; afin qu'étant environnés d'une si grande foule de témoins, nous courions par la patience dans la carrière qui nous est ouverte, et que nous recevions avec eux la couronne de gloire qui ne se flétrit point, que nous attendons par Jésus-Christ notre Seigneur, dont le sang nous donne entrée au royaume éternel. C'est par le même Jésus-Christ que les anges adorent en tremblant votre majesté suprême, et que tous les chœurs des esprits célestes célèbrent vos louanges dans les transports d'une sainte joie. Faites que nous unissions nos voix à celles de ces esprits bienheureux, pour chanter avec eux : Saint, etc.

POUR LES MESSES DES MORTS.

Il est véritablement juste et raisonnable, il est équitable et salutaire de vous rendre grâces en tout temps et en tout lieu. Seigneur très-saint, Père tout-puissant, Dieu éternel, par Jésus-Christ notre seigneur, dans lequel vous nous avez accordé l'espérance de la bienheureuse résurrection : afin que, si l'inévitable nécessité de mourir attriste la nature humaine, la promesse de l'immortalité future encourage et console notre foi. Car pour vos fidèles, Seigneur, mourir n'est pas perdre la vie, mais passer à une vie meilleure : et lorsque cette maison de terre où ils habitent vient à se détruire, ils en acquièrent une dans le ciel, qui durera éternellement. C'est pourquoi nous nous unissons aux Anges et aux Archanges, aux Trônes, anx Dominations, et à toute l'armée céleste, pour chanter un cantique à votre gloire, en disant sans cesse : Saint, etc.

POUR LES MESSES VOTIVES

DU SAINT SACREMENT.

Il est véritablement juste et raisonnable, il est équitable et salutaire de vous rendre grâces en tout temps et en tout lieu, Seigneur très-saint, Père tout-puissant, Dieu éternel, par Jésus-Christ notre seigneur, le Pontife vénérable et éternel, le seul prêtre parfaitement pur et sans tache; qui en établissant, dans le dernier repas qu'il fit avec ses Apôtres, le sacrifice durable et permanent de son corps et de son sang, s'offrit lui-même le premier comme victime à votre Majesté suprême, et enseigna le premier à ses Apôtres à l'offrir eux-mêmes; qui nous fortifie, en nous donnant à manger cette chair qu'il a immolée pour nous, qui nous lave et nous purifie, en nous donnant à boire ce même sang qu'il a répandu pour nous sur la croix. C'est pourquoi nous nous unissons aux Anges et aux Archanges, aux Trônes, aux Dominations, et à toute l'Armée céleste; pour chanter un cantique à votre gloire, en disant sans cesse : Saint, etc.

AUX SECONDES VÊPRES.

Les Antiennes, les Psaumes et le Capitule, comme aux premières Vêpres.

HYMNE.

Quel triomphe, quelle joie nouvelle éclate dans les cieux? Unissons nos cantiques aux voix des esprits célestes : c'est le père des pauvres, c'est la lumière du clergé qui va briller au séjour de la gloire.	Quis novus cœlis agitur triumphus? Cœlitum plausum comitentur hymni : Ecce lux cleri, pater indigentum, Æthere splendet.
Vos rares vertus, ô Vincent, ornent votre triomphe, et concourent ensemble à votre félicité. La charité couronne votre tête; vous devez à l'humilité dont vous avez toujours suivi l'étendard sur la terre, cette splendeur éclatante dont vous êtes à présent revêtu.	Facta, Vincenti, tua te perornant : Caritas aptat capiti coronam Teque, quam terris humilis parasti, Gloria vestit.
La vérité que vous avez fait connaître aux peuples les plus grossiers se montre à vous dans toute sa beauté, elle vous fait briller de sa propre lumière; et tous les trésors que vos mains charitables ont versés	Quam rudes olim populos docebas, Veritas nunc se tibi tota pandit; Pauperi quidquid pia dextra fudit, Reddit Olympus.

dans le sein des pauvres, vous les trouvez au ciel.

Te sacerdotes vel adhuc magistro,
Optimum Christi referunt odorem :
Pullulat per te sacra lætiori
Vinea fœtu.

Tant de saints ministres qui répandent de tous côtés la bonne odeur de Jésus-Christ, vous reconnaissent encore et vous révèrent comme leur maître, et vous voyez avec une joie toujours nouvelle, multiplier les fruits de cette vigne sacrée, que vous avez cultivée par de si longs et si pénibles travaux.

Sed tibi quantum decus elaborant,
Virgines castæ sociæque matres !
Pauperum gaudent, duce te, fideles
Esse ministræ.

Mais quelle gloire ne recevez-vous pas des efforts généreux de ces vierges sages, et des charitables attentions de ces respectables mères, unies par vos soins dans une même société, qui bornent toute leur ambition à porter dignement, en marchant sur vos pas, le nom de servantes des pauvres.

Corde qui puro miseros levabas
Disce nunc votis hominum rogari :
Te suum clamant inopes, amica
Turba patronum.

O vous, qui, avec un cœur si plein de tendresse, soulagiez autrefois tous les malheureux pourriez-vous dans le ciel être insensible à nos vœux? Pourriez-vous ne pas écouter les cris de cette foule de pauvres, vos anciens amis, qui vous appellent encore leur protecteur et leur père.

Louanges infinies au Père tout-puissant qui nous comble de ses bienfaits ; semblables louanges au Fils descendu sur la terre, pour soulager toutes nos misères ; même honneur vous soit rendu, ô Esprit consolateur, dans tous les siècles des siècles. Ainsi soit-il.

Summus æterno sit honos Parenti,
Par decus nato miseros levanti;
Sancte, sit compar tibi laus per omne,
Spiritus, ævum.
Amen.

℣. C'est votre bonté, ô mon Dieu, qui a préparé au pauvre le soulagement dont il a besoin.

℣. Parasti in dulcedine tuâ pauperi, Deus. (*Psal.* 67. 11.)

℟. Le Seigneur fera parler avec force et efficace ceux qu'il enverra porter sa parole.

℟. Dominus dabit verbum evangelizantibus virtute multâ.

A MAGNIFICAT, *Antienne.*

Je donnerai aux pauvres de Sion du pain en abondance; je revêtirai ses prêtres de sainteté, et je ferai que ses ministres chanteront mes louanges avec des transports de joie.

Pauperes Sion saturabo panibus : sacerdotes ejus induam salutari, et sancti ejus exultatione exultabunt *Ps.* 131. 15.

MAGNIFICAT, etc., pag. 188.

L'ORAISON *Deus qui ad salutem*, pag. 189.

℣. Benedicamus Domino.	℣. Bénissons le Seigneur.
℟. Deo gratias.	℟. Rendons graces à Dieu.
℣. Fidelium animæ per misericordiam Dei requiescant in pace.	℣. Que par la miséricorde de Dieu, les ames des fidèles reposent en paix.
℟. Amen.	℟. Ainsi soit-il.

A COMPIES.

℣. Mon père, donnez-moi votre bénédiction.

℣. Jube, Domine, benedicere.

Bénédiction.

Que Dieu tout-puissant nous accorde une nuit tranquille et une heureuse fin.

℟. Ainsi soit-il.

Noctem quietam, et finem perfectum concedat nobis Dominus omnipotens.

℟. Amen.

Leçon brève.

Mes frères, soyez sobres et veillez, parce que le démon, votre ennemi, semblable à un lion rugissant, tourne autour de vous, cherchant quelqu'un qu'il puisse dévorer; résistez-lui donc en demeurant fermes dans la foi. Et vous, Seigneur, ayez pitié de nous.

℟. Rendons grâces à Dieu.

℣. Notre appui est dans le nom du Seigneur,

℟. Qui a fait le ciel et la terre.

Notre Père, etc.

Je confesse à Dieu, etc.

Que Dieu tout-puissant ait pitié de vous,

Fratres, sobrii estote et vigilate; quia adversarius vester diabolus, tanquam leo rugiens circuit, quærens quem devoret : cui resistite fortes in fide. Tu autem, Domine, miserere nobis. (I. *Pet.* 5.)

℟. Deo gratias.

℣. Adjutorium nostrum in nomine Domini,

℟. Qui fecit cœlum et terram.

Pater noster, etc.

Confiteor, etc.

Misereatur vestrî omnipotens Deus, et

dimissis peccatis vestris, perducat vos ad vitam æternam.

R. Amen.

et qu'après vous avoir pardonné vos péchés, il vous conduise à la vie éternelle.

R. Ainsi soit-il.

Indulgentiam, absolutionem et remissionem peccatorum nostrorum tribuat nobis omnipotens et misericors Dominus.

R. Amen.

℣. Converte nos, Deus salutaris noster.

R. Et averte iram tuam à nobis.

℣. Deus, in adjutorium meum intende.

R. Domine, ad adjuvandum me festina. Gloria. Alleluia.

Ant. Miserere.

Que le Seigneur tout-puissant et miséricordieux nous accorde le pardon, l'absolution et la rémission de nos péchés.

R. Ainsi soit-il.

℣. O Dieu, notre Sauveur, faites-nous retourner à vous,

R. Et détournez votre colère de dessus nous.

℣. O Dieu, venez à mon aide.

R. Hâtez-vous de me secourir. Gloire. Louons Dieu.

Ant. Ayez pitié.

PSAUME 4.

Cùm invocarem, exaudivit me Deus justitiæ meæ : in tribulatione dilatasti mihi.

Miserere meî, et exaudi orationem meam.

Filii hominum, usquequò gravi corde ?

Dieu, principe de ma justice, vous m'avez exaucé, lorsque je vous invoquais ; et, au fort de mon affliction, vous avez dilaté mon cœur.

Ayez donc encore pitié de moi, et exaucez ma prière.

Enfans des hommes, jusqu'à quand aurez-vous le cœur appesanti? Pourquoi vous plaisez-vous dans de vains projets? Pourquoi courez-vous après le mensonge?

Ut quid diligitis vanitatem, et quæritis mendacium?

Sachez que c'est le Seigneur qui a protégé, d'une manière admirable, celui qu'il s'est choisi; et comptez qu'il m'exaucera toutes les fois que je lui adresserai mes cris.

Et scitote quoniam mirificavit Dominus sanctum suum: dominus exaudiet me, cùm clamavero ad eum.

Pour vous, mes amis, fâchez-vous contre vos adversaires; mais n'allez point jusqu'à pécher, et dans le repos de vos lits, repentez-vous des mouvemens de vos cœurs.

Irascimini et nolite peccare: quæ dicitis in cordibus vestris, in cubilibus vestris, compungimini.

Offrez à Dieu le sacrifice d'une vie pure et innocente, et espérez en lui. Plusieurs d'entre vous disent: quand paraîtront les biens dont on nous flatte?

Sacrificate sacrificium justitiæ, et sperate in Domino; multi dicunt: quis ostendit nobis bona.

Mais votre protection, Seigneur, est assez marquée sur nous, et c'est ce qui remplit mon cœur d'une solide joie.

Signatum est super nos lumen vultûs tui, Domine; dedisti lætitiam in corde meo.

Mes ennemis se sont multipliés par l'abondance de leur froment, de leur vin et de leur huile.

A fructu frumenti, vini et olei sui, multiplicati sunt.

Mais je ne laisserai

In pace in idipsum:

dormiam et requiescam.

pas de dormir et de me reposer en paix aussi bien qu'eux,

Quoniam tu, Domine : singulariter in spe, constituisti me.

Parce que vous m'avez affermi dans l'espérance d'une manière toute singulière.

Gloria Patri, etc.

Gloire au Père, etc.

Ant. Tulit.

Ant. Le Seigneur.

Ant. Annuntiabam ut pœnitentiam agerent, et reverterentur ad Deum, digna pœnitentiæ opera facientes. (*Act.* 26. 20.)

Ant. Je les exhortais à faire pénitence et à se convertir au Seigneur, en faisant les œuvres d'une véritable conversion.

Psaume 30.

In te, Domine, speravi, non confundar in æternum : in justitiâ tuâ libera me.

J'espère en vous, Seigneur; que je ne sois jamais confondu, armez-vous de votre justice pour me délivrer.

Inclina ad me aurem tuam : accelera ut eruas me.

Prêtez l'oreille à ma voix; accourez à mon secours.

Esto mihi in Deum protectorem et in domum refugii : ut salvum me facias.

Que je trouve en vous un Dieu protecteur, et un asile où je sois en sûreté.

Quoniam fortitudo mea, et refugium meum es tu : et propter nomen tuum deduces me, et enutries me.

Car vous êtes ma force et mon refuge, et pour la gloire de votre nom vous serez mon guide et mon pasteur.

Educes me de laqueo hoc, quem absconderunt mihi : quo-

Oui, vous me délivrerez du piége secret qu'ils m'ont tendu, puisque vous m'avez pris sous votre protection.

Je remets donc ma vie entre vos mains: vous m'avez déjà racheté, Seigneur, Dieu fidèle dans vos promesses.

Gloire au père, etc.

niam tu es protector meus.

In manus tuas commendo spiritum meum: redemisti me, Domine, Deus veritatis.

Gloria Patri, etc.

PSAUME 90.

Celui qui a pris le Très-Haut pour son asile, vivra tranquillement sous la protection du Dieu du ciel.

Vous êtes mon protecteur et mon refuge, dira-t-il au Seigneur: je mettrai toute mon espérance en mon Dieu.

Il me délivrera des filets du chasseur et de la langue des méchants.

Il vous couvrira de ses aîles, et vous serez en sûreté sous ses plumes.

Couvert de sa vérité comme d'un bouclier, vous ne craindrez ni les alarmes de la nuit.

Ni la flèche qui vole pendant le jour, ni les embûches qu'on prépare dans les ténèbres, ni les attaques du démon en fureur.

Qui habitat in adjutorio altissimi: in protectione Dei cæli commorabitur.

Dicet Domino: susceptor meus es tu, et refugium meum: Deus meus,

Sperabo in eum. Quoniam ipse liberabit me de laqueo venantium: et a verbo aspero.

Scapulis suis obumbrabit tibi: et sub pennis ejus sperabis.

Scuto circumdabit te veritas ejus: non timebis à timore nocturno,

A sagittâ volante in die, a negotio perambulante in tenebris: ab incursu et dæmonio meridiano.

Cadent à latere tuo mille, et decem millia à dextris tuis : ad te autem non appropinquabit.

Mille ennemis tomberont à votre gauche, dix mille à votre droite, et leurs traits n'approcheront pas même de vous.

Verumtamen oculis tuis considerabis : et retributionem peccatorum videbis.

Vous les verrez seulement de vos yeux, et vous serez témoin de la punition des méchans.

Quoniam tu es, Domine, spes mea : altissimum posuisti refugium tuum.

Parce que vous avez dit : Seigneur vous êtes mon espérance, vous vous êtes fait un asile de la puissance du Très-Haut.

Non accedet ad te malum : flagellum non appropinquabit tabernaculo tuo.

Là, vous serez inaccessible à tout fâcheux accident, et nul fléau n'approchera de votre demeure.

Quoniam angelis suis mandavit de te : ut custodiant te in omnibus viis tuis.

Car il a commandé à ses anges de prendre soin de vous, et de vous garder dans toutes vos voies.

In manibus portabunt te : ne fortè offendas ad lapidem pedem tuum.

Ils vous porteront entre les mains, de peur que vous ne vous heurtiez du pied contre la pierre.

Super aspidem et basiliscum ambulabis : et conculcabis leonem et draconem.

Vous marcherez sur l'aspic et le basilic : vous foulerez aux pieds le lion et le dragon.

Quoniam in me speravit, liberabo eum : protegam eum, quo-

Je le délivrerai, dit le Seigneur, parce qu'il a mis en moi sa confiance:

je le protégerai, parce qu'il a invoqué mon nom.

niam cognovit nomen meum.

Lorsqu'il m'appellera à son secours, je l'exaucerai. Je serai avec lui dans la tribulation et je l'en ferai sortir avec gloire.

Clamabit ad me, et ego exaudiam eum, cum ipse sum in tribulatione : eripiam eum et glorificabo eum.

Je lui donnerai une longue suite d'années, et je lui ferai éprouver que c'est de moi quevient le salut.

Longitudine dierum replebo eum : et ostendam ille salutare meum.

Gloire au père, etc.

Gloria Patri, etc.

PSAUME 133.

Benissez le Seigneur, vous tous qui êtes ses serviteurs.

Ecce nunc benedicite Dominum : omnes servi domini.

Vous qui habitez son temple, qui vivez sous les portiques de la maison de Dieu.

Qui statis in domo domini : in atriis domûs Dei nostri.

Elevez vos mains vers le sanctuaire durant la nuit, et bénissez le Seigneur.

In noctibus extollite manus vestras in senctâ : et benedicite Dominum.

Que le Seigneur vous bénisse de Sion, lui qui à fait le ciel et la terre.

Benedicat te Dominus ex Sion : qui fecit cœlum et terram.

Gloire au père, etc.

Gloria Patri, etc.

Ant. Ayez pitié de moi: Seigneur, exaucez ma prière.

Ant. Miserere meî, Domine, et exaudi orationem meam.

HYMNE.

Te lucis antè terminum.
Rerum creator poscimus,
Ut solitâ clementiâ.
Sis præsul ad custodiam.
Procul recedant somnia,
Et noctium phantasmata;
Hostemque nostrum comprime,
Ne polluantur corpora.
Præsta, pater omnipotens,
Per Jesum-Christum Dominum,
Qui tecum in perpetuum
Regnat cum sancto spiritu. Amen.

Avant que la lumière disparaisse, nous vous prions, souverain créateur de toutes choses, de nous garder pendant la nuit avec votre bonté ordinaire.

Eloignez de nous les songes et les fantômes qui pourraient nous troubler dans les ténèbres, et pour conserver la pureté de nos corps, réprimez la malice de notre ennemi.

Père tout-puissant, accordez-nous cette grace en considération de Jésus-Christ notre Seigneur qui règne à jamais avec vous et le Saint-Esprit. Ainsi soit-il.

CAPIT. *Is.* 34.

Tu autem in nobis es, Domine, et nomen sanctum tuum invocatum est super nos, ne derelinquas nos, Domine Deus noster. ℟. Deo gratias.

Pour vous, Seigneur, vous êtes au milieu de nous; nous portons votre saint nom; ne nous abandonnez donc pas, Seigneur notre Dieu. ℟. Rendons grâces à Dieu.

℟. *Bret.* In manus

℟. *Bret.* Seigneur, je

remets ma vie entre vos mains. Seigneur je remets. ℣. Vous nous avez rachetés, Seigneur Dieu de vérité. Ma vie. Gloire au père. Seigneur, je remets ma vie, etc.

tuas, Domine, commendo spiritum meum In manus ℣. Redemisti nos, Domine Deus veritatis. Commendo. Gloria. In manus.

℣. Gardez-nous, Seigneur, comme la prunelle de l'œil;

℣. Custodi nos, Domine, ut pupillam oculi.

℟. Couvrez-nous de vos aîles.

℟. Sub umbrâ alarum tuarum protege nos.

Ant. Sauvez-nous.

Ant. Salva nos.

Cantique de saint Siméon.

C'est maintenant, Seigneur, que vous laisserez mourir en paix votre serviteur, selon votre parole;

Nunc dimittis servum tuum, Domine; secundùm verbum tuum in pace;

Puisqu'enfin mes yeux ont vu le Sauveur que vous nous donnez,

Quia viderunt oculi mei : salutare tuum.

Et que vous destinez pour être, à la vue de tous les peuples,

Quod parasti ante faciem omnium populorum,

La lumière qui éclairera les Gentils et la gloire d'Israël votre peuple.

Lumen ad revelationem gentium, et gloriam plebis tuæ Israël.

Gloire au père, etc.

Gloria patri, etc.

Ant Sauvez-nous, Seigneur, pendant le jour, veillez sur nous pendant la nuit, afin que nous

Ant. Salva nos, Domine, vigilantes; custodi nos dormientes, ut vigilemus cum

Christo et requiescamus in pace.

travaillons avec avec Jésus-Christ, et que nous reposions dans sa paix.

PRIONS.

Visita, quæsumus, Domine, habitationem istam, et omnes insidias inimici ab eâ longè repelle; angeli tui sancti habitent in eâ, qui nos in pace custodiant et benedictio tua sit super nos semper. Per Dominum nostrum Jesum-Christum filium tuum, qui tecum vivit et regnat in unitate Spiritûs sancti Deus, per omnia sæcula sæculorum.

R. Amen.

℣. Benedicamus Domino.

R. Deo gratias.

Nous vous supplions, Seigneur, de visiter cette demeure, d'en éloigner tous les pièges de l'ennemi : que vos saints anges y habitent, qu'ils nous conservent en paix, et que votre bénédiction soit toujours sur nous. Nous vous le demandons par notre Seigneur Jésus-Christ votre fils, qui étant Dieu vit et règne avec vous en l'unité du saint-Esprit dans tous les siècles des siècles.

R. Ainsi soit-il.

℣. Bénissons le Seigneur.

R. Rendons grâces à Dieu.

BÉNÉDICTION.

℣. Benedicat et custodiat nos omnipotens et misericors Dominus pater, et filius, et spiritus sanctus.

R. Amen.

℣. Que le Seigneur tout-puissant et miséricordieux, père, fils et Saint-Esprit nous bénisse et nous garde.

R. Ainsi soit-il.

Antienne à la sainte Vierge.

Nous vous saluons, ô notre reine, mère pleine de miséricorde, notre vie, notre consolation, notre espérance, nous vous saluons. Infortunés enfans d'Eve, nous crions vers vous du lieu de notre exil: Ecoutez nos gémissemens et voyez les pleurs que nous versons dans cette vallée de larmes. Daignez donc, ô notre avocate, jeter sur nous de favorables regards, et obtenez nous le bonheur de voir, après notre exil, l'adorable fruit de vos entrailles, Jésus votre fils, ô Marie, vierge pleine de bonté, de douceur et de tendresse!

Salve, regina, mater misericordiæ, vita, dulcedo et spes nostra; salve, ad te clamamus exules filii Evæ. Ad te suspiramus gementes et flentes in hâc lacrymarum valle. Eià ergo, advocata nostra, illos tuos misericordes oculos ad nos converte et Jesum benedictum fructum ventris tui, nobis post hoc exilium ostende. O clemens! O Pia! O dulcis virgo Maria!

℣. Priez pour nous, très sainte mère de Dieu.

℟. Afin que nous devenions dignes d'obtenir les promesses de Jésus-Christ.

℣. Ora pro nobis sancta dei genitrix. ℟. Ut digni efficiamur. promissionibus Christi.

PRIONS.

Dieu tout-puissant, Père éternel, qui, avec a coopération du saint

Omnipotens sempiterne Deus, qui gloriosæ virginis matris,

Lætabimur in salutari tuo ; et in nomine Dei nostri magnificabimur.

Nous nous réjouirons de la protection que vous recevrez ; nous nous en réjouirons au nom du Seigneur, et nous lui rapporterons la gloire de vos succès.

Impleat Dominus omnes petitiones tuas ; nunc cognovi quoniam salvum fecit Dominus Christum suum.

Que le Seigneur vous accorde toutes vos demandes; je sais dès à présent que le Seigneur sauvera son Christ.

Exaudiet illum de cælo sancto suo : in potentatibus salus dextræ ejus.

Il l'exaucera du ciel, qui est son sanctuaire : il y déploiera, pour le soutenir, la force de son bras tout-puissant.

Hi in curribus, et hi in equis ; nos autem in nomine Domini Dei nostri invocabimus.

Que nos ennemis mettent leur confiance dans leurs chariots et dans leurs chevaux ; pour nous, nous invoquerons le nom du Seigneur notre Dieu.

Ipsi obligati sunt, et ceciderunt ; nos autem surreximus, et recti sumus.

Ils ont été abattus, et ils sont tombés ; pour nous, nous nous sommes relevés, et nous demeurerons fermes.

Domine, salvum fac regem ; et exaudi nos in die quâ invocaverimus te.

Seigneur, sauvez le roi, et daignez nous exaucer au jour que nous vous invoquerons.

Gloria patri, etc.

Gloire au père, etc.

℣. Deus judicium tuum da regi,

℣. O Dieu, donnez au roi votre équité dans les jugemens,

℟. Et votre justice au fils du roi.	℟. Et justitiam tuam filio regis.

OREMUS.

(PRIÈRE POUR LE ROI ET LA FAMILLE ROYALE.)

Deus, à quo omnis potestas ordinata est; da famulo tuo regi nostro Carolo, et universæ familiæ ejus cor docile: ut potestatem suam majestatis tuæ famulam facientes, regnum illud ambiant et obtineant, in quo non timent habere consortes; per Dominum.

OREMUS.

(PRIÈRE POUR LE ROI.)

Quæsumus omnipotens Deus, ut famulus tuus rex noster Carolus qui tuâ miseratione suscepit regni gubernacula, virtutum etiam omnium percipiat incrementa: quibus decenter ornatus, vitiorum monstra devitare, hostes superare, et ad te, qui via, veritas et vita es, gratiosus valeat pervenire; qui vivis, etc.

OREMUS.

(POUR LA VILLE DE PARIS ET SES HABITANS.)

Omnipotens sempiterne Deus, ædificator et custos Jerusalem, civitatis supernæ; custodi die noctuque locum istum, cum habitatoribus ejus; ut sit in eo domicilium incolumnitatis et pacis; per, etc.

OREMUS.

(PRIÈRE POUR DEMANDFR LA CHARITÉ.)

Deus, qui diligentibus te facis cuncta prodesse, da cordibus nostris, inviolabilem tuæ caritatis affectum; ut desideria de tuâ imspiratione concepta; nullâ possint tintatione mutari. Per Dominum nostrum Jesum Christum, etc.

FIN.

TABLE.

Avertissement. 1
Chapitre Ier. } Vie de saint Vincent de Paul. 7
— II. 14
— III. 19
— IV. 31
— V. Bref de Benoît XIII pour la canonisation de saint Vincent. 50
Culte de saint Vincent. 62
Prière à Dieu ; à saint Vincent. 64
— VI. Notice sur Saint-Lazare, depuis son pillage jusqu'à ce jour. 65
Grand courage d'un lazariste. 76
Punition de Dieu. 75 et 78
Conservation des reliques de saint Vincent. 81
Rétablissement des filles de la Chaiité. *Ib.*
Arrêté relatif à cet établissement. 82
Premier mandement de Mgr l'archevêque de Paris. 88
Deuxième mandement. 100
Indulgences de Léon XII et de Pie VIII. 107

MÉDITATIONS POUR LA NEUVAINE.

1er Jour. Saint Vincent s'instruit à l'école de Jésus-Christ. 110
2e — Sur la douceur de saint Vincent. 117
3e — Sur son humilité. 122

4e Jour. Sur sa charité. 128
5e — Sur sa foi. 133
6e — Sur sa prudence. 138
7e — Sur son amour de la pauvreté. 143
8e — Sur son zèle. 149
9e — Sur les missions de saint Vincent aux pauvres des campagne. 154
Méditation pour la fête de saint Vincent. 160
Litanies de saint Vincent de Paul. 164
Prière à saint Vincent. 170
— pour l'accomplissement de la volonté de Dieu. *Ib.*
— pour offrir à Dieu ses actions et ses souffrances. *Ib.*
— pour les malades. 171
— pour les besoins de l'Eglise. *Ib.*
Actes de foi, d'espérance. 172
— de charité, d'amour du prochain. 173
— de soumission, par madame Elisabeth. *Ib.*
Prière habituelle du pieux duc de Rivière. 174
— pour l'Eglise et pour le roi. 175
Invocation et aspirations. 176
Premières vêpres. 178
Prière avant la messe et messe. 190
— après la messe. 227
Messe pour différens temps de l'année. 228
Préfaces propres. 230
Secondes vêpres. 238
Complies. 242

FIN DE LA TABLE.

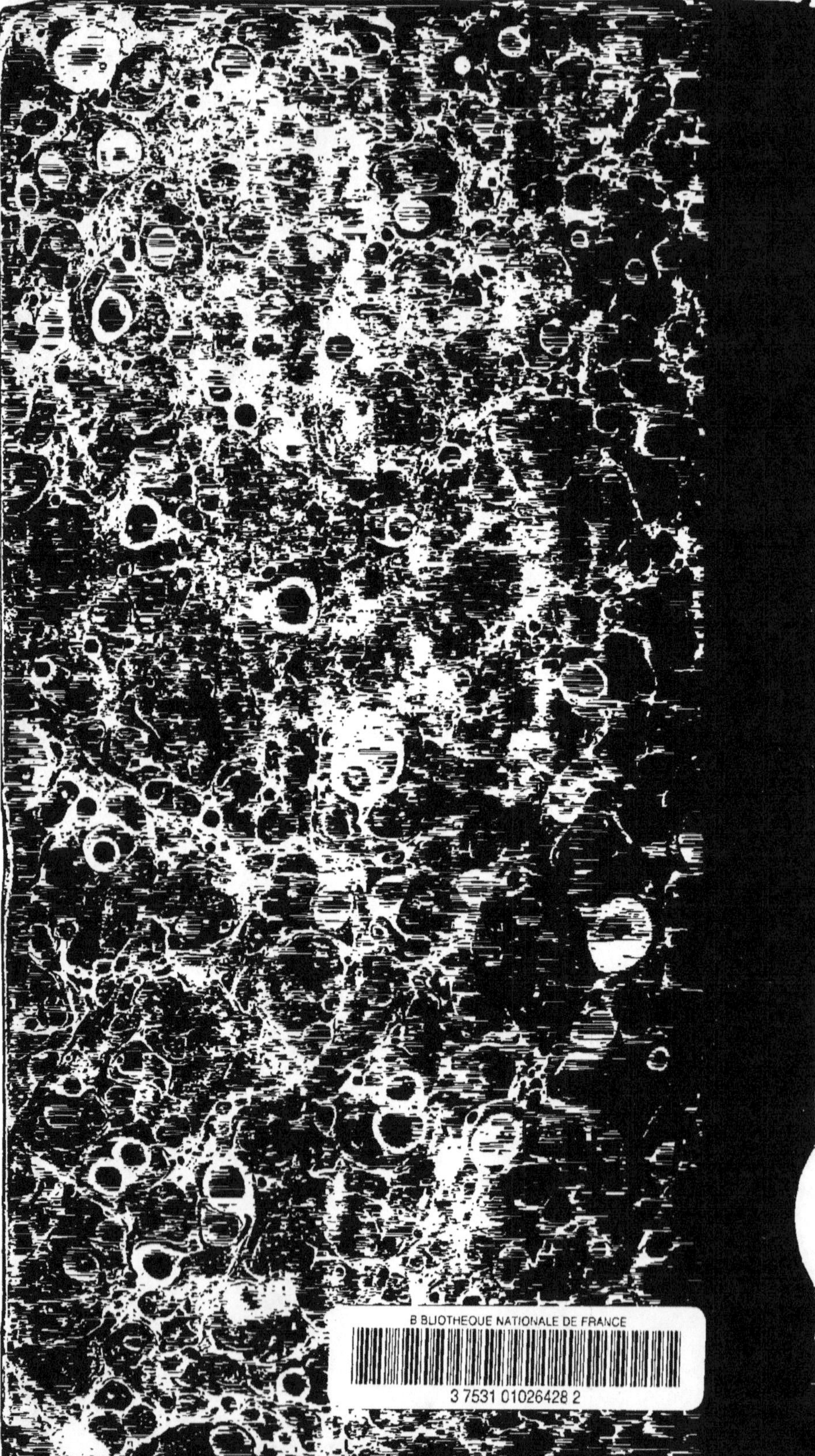

www.ingramcontent.com/pod-product-compliance
Lightning Source LLC
Chambersburg PA
CBHW050321170426
43200CB00009BA/1404

* 9 7 8 2 0 1 1 3 4 4 8 5 4 *